Mariana C.

Poveștile din copilarie

Cum ne influențează și modelează dezvoltarea psihologică

De la acelaș autor:

1. ,,Armonia in cuplu''
- explorează diverse aspecte ale relațiilor umane, de la comunicare și empatie, la rezolvarea conflictelor și construirea unei relații de cuplu sănătoase și echilibrate.

2. ,,Vindecarea rănilor emoționale în relații''
- este o carte profundă,care explorează complexitatea relațiilor interpersonale și impactul pe care trecutul emoțional îl poate avea asupra lor.

3. "Cum sa iti gasesti sufletul pereche"
- se adreseaza celor care își doresc sa gaseasca dragostea adevarata si sa-si gaseasca sufletul pereche.

4."Reconstruirea unei relații deteriorate"
- este un ghid util și practic pentru persoanele care se confruntă cu dificultăți în relațiile lor.

5."Depășirea limitărilor mentale"- este o resursă valoroasă pentru oricine își dorește să-și depășească propriile limitări mentale și să trăiască o viață plină de succes și împlinire.

6. ,,Zâmbetul din oglindă" - este un ghid util pentru oricine dorește să-și îmbunătățească stima de sine și să-și atingă potențialul maxim.

7. "Rescrie-ți povestea" este o carte care abordează tema depășirii traumelor din copilărie și construirii unui viitor mai luminos.

Capitolul 10
Practicarea recenziilor personale.

- Importanța reflectării asupra propriei noastre fericiri și a realizărilor noastre.
- Cum să practicăm recențiile personale pentru a ne menține fericirea și motivația.

,,Poveștile din copilărie" este o carte
care explorează principiile psihologiei pozitive
și modul în care putem fi fericiți și mulțumiți fără
să avem nevoie de motive externe pentru aceasta.
Autoarea, Mariana C., ne îndrumă să ne
concentrăm pe lucrurile pozitive din viața
noastră, cum ar fi recunoștința, mulțumirea și
iubirea, pentru a ne menține starea de bine și
echilibrul emoțional.

În carte, Mariana C. ne împărtășește sfaturi
practice și exerciții pentru a ne dezvolta
capacitățile mentale și emoționale de a fi fericiti
fără motive. Ea ne învață cum să ne schimbăm
perspectiva asupra vieții, să ne eliberăm de grijile
inutile și să ne bucurăm de fiecare moment din
prezent.

Prin intermediul acestei cărți, cititorii vor
descoperi că fericirea nu depinde de circumstanțe
externe sau de evenimente specifice, ci este un
proces intern pe care îl putem controla și cultiva
în fiecare zi.
,,Poveștile din copilărie"este o lectură
inspirațională și motivantă, care ne îndeamnă să
trăim în prezent și să apreciem tot ceea ce avem în
viața noastră.

Capitolul 1

Fericirea este starea de bine și satisfacție interioară pe care o simțim atunci când suntem mulțumiți de ceea ce avem și de cum ne simțim în legătură cu noi înșine și cu lumea din jurul nostru. Este o emoție profundă care ne aduce bucurie, pace și mulțumire în suflet.

Fericirea poate fi descrisă ca un sentiment de plenitudine și echilibru interior, în care ne simțim împliniți și în armonie cu noi înșine și cu ceilalți oameni din jurul nostru. Ea se manifestă prin emoții pozitive precum bucuria, entuziasmul, iubirea, recunoștința și mulțumirea.

Unii oameni consideră că fericirea este o stare de bine care poate fi obținută prin posesia de bunuri materiale, succesul profesional sau relațiile interpersonale. Alții cred că fericirea este o stare de spirit interioară, care depinde de atitudinea noastră față de viață și de felul în care ne raportăm la propria persoană și la ceilalți.

Fericirea poate fi experimentată în diferite momente și contexte din viața noastră: atunci când ne bucurăm de reușitele noastre, atunci când petrecem timp de calitate alături de cei dragi, atunci când ne bucurăm de frumusețea naturii sau atunci când facem activități care ne aduc satisfacție și împlinire. Există diferite surse de fericire, iar ele pot varia de la persoană la persoană. Unii oameni găsesc fericirea în lucrurile simple ale vieții, cum ar fi o plimbare în parc, o carte bună sau o discuție cu un prieten drag. Alții se simt fericiți atunci când își ating obiectivele profesionale sau când își petrec timpul în activități care le plac și îi îndeplinesc.

Este important să ne cunoaștem propriile surse de fericire și să le cultivăm în viața noastră de zi cu zi. Fie că este vorba de practicarea unui hobby, de petrecerea timpului cu cei dragi sau de împlinirea unor obiective personale, este important să ne acordăm timp pentru lucrurile care ne aduc satisfacție și mulțumire.

Fericirea poate fi influențată și de factori externi precum mediul în care trăim, relațiile noastre interpersonale sau situațiile de viață pe care le experimentăm.

Este important să fim conștienți de acești factori și să încercăm să ne adaptăm la ei într-un mod sănătos și constructiv.

De asemenea, fericirea poate fi influențată și de starea noastră de sănătate fizică și emoțională. Este important să avem grijă de noi înșine și să ne menținem în formă atât fizică, cât și psihică. Practicarea unui stil de viață sănătos, care include alimentație echilibrată, exercițiu fizic regulat și gestionarea stresului, poate contribui la creșterea nivelului nostru de fericire și satisfacție.

Fericirea este o stare de bine și mulțumire interioară, care poate fi obținută prin cultivarea emoțiilor pozitive, prin valorizarea relațiilor interpersonale și prin adoptarea unui stil de viață sănătos și echilibrat. Este important să ne acordăm timp pentru lucrurile care ne aduc bucurie și satisfacție și să ne concentramos pe ceea ce este cu adevărat important în viața noastră. Aprecierea lucrurilor simple și recunoștința pentru ceea ce avem ne pot ajuta să descoperim adevărata fericire în fiecare zi.

Fericirea este un sentiment de bucurie, satisfacție și împlinire pe care îl experimentăm atunci când ne simțim bine cu noi înșine și cu viața noastră. Este un starea de bine care ne face să zâmbim, să ne simțim ușori și plini de energie pozitivă. Fericirea poate fi definită în multe feluri, dar în esență este acel sentiment de mulțumire și bucurie interioară care ne face să ne simțim în echilibru și să apreciem fiecare moment al vieții noastre.

Există numeroase teorii și perspective asupra fericirii, iar mulți cercetători și filozofi s-au străduit să dezvolte definții și explicații pentru acest concept complex. Unii susțin că fericirea este rezultatul îndeplinirii dorințelor și obiectivelor noastre, alții cred că este o experiență emoțională care vine din satisfacția interioară și armonia cu sine însuși și cu lumea din jur. Indiferent de perspectiva din care privim fericirea, este clar că este unul dintre cele mai dorite și căutate lucruri în viața noastră.

Pentru mulți oameni, fericirea înseamnă să fie împreună cu cei dragi, să aibă o familie fericită și sănătoasă, să aibă succes în carieră sau să-și atingă obiectivele personale și profesionale.

Alții consideră că fericirea constă în a face fapte bune și a-i ajuta pe cei din jur, în a trăi în prezent și a aprecia lucrurile mici din viață, cum ar fi o plimbare în natură sau o discuție cu un prieten bun.

Fiecare persoană are propriile sale surse de fericire și ceea ce îi aduce bucurie și satisfacție poate varia în funcție de valorile, credințele și experiențele sale de viață. Un lucru important de reținut este că fericirea nu este un scop în sine, ci mai degrabă o călătorie sau un proces continuu de autodescoperire și creștere personală.

Există numeroase studii și cercetări care au investigat natura și originile fericirii și care au identificat anumite factori care pot contribui la creșterea nivelului de fericire al unei persoane. Printre acești factori se numără relațiile sănătoase și de sprijin, o viață echilibrată între muncă și viață personală, o atitudine pozitivă și recunoștință față de lucrurile bune din viața noastră, dar și sănătatea fizică și mentală.

Un aspect important al fericirii este și capacitatea de a gestiona emoțiile și stresul în mod sănătos, de a face față provocărilor vieții cu încredere și reziliență și de a avea o perspectivă optimistă și încrezătoare asupra viitorului.

Este important să ne cunoaștem pe noi înșine, să ne acceptăm și să ne iubim așa cum suntem, și să fim deschiși și receptivi la schimbare și la noi experiențe care ne pot aduce fericire și satisfacție în viața noastră. Fericirea poate fi trăită în diferite forme și intensități, de la momentele de bucurie și extaz la stările de bine și pace interioară. Este important să ne dăm seama că fericirea nu constă doar în a avea lucruri materiale sau succes în carieră, ci este mai degrabă o stare de spirit și o perspectivă asupra vieții. Este un sentiment subiectiv și personal, care poate varia în funcție de fiecare individ și de percepția sa asupra lumii.

Fericirea este un sentiment de împlinire și bucurie interioară care ne face să ne simțim bine cu noi înșine și cu lumea din jur. Este un scop în viață pe care mulți dintre noi îl urmărim și pe care îl putem atinge prin cultivarea relațiilor sănătoase, a atitudinii pozitive și a recunoștinței față de lucrurile bune din viața noastră. Fericirea nu este un scop final sau o destinație, ci mai degrabă un proces continuu de autodescoperire și creștere personală, care ne poate aduce bucurie și satisfacție în fiecare aspect al vieții noastre.

Să căutăm fericirea în lucrurile mici și simple din viața noastră și să apreciem fiecare moment de bucurie și împlinire pe care îl trăim.

Fericirea joacă un rol extrem de important în starea noastră de bine, atât din punct de vedere mental, cât și fizic. Aceasta ne influențează modul în care ne simțim și funcționăm în viața de zi cu zi. Când suntem fericiți, ne simțim împliniți, relaxați și capabili să facem față provocărilor vieții cu un optimism crescut.

Unul dintre cele mai importante beneficii ale fericirii este impactul său asupra sănătății noastre mentale. Studiile au arătat că o stare generală de fericire este asociată cu un nivel mai scăzut de stres, anxietate și depresie. Oamenii fericiți sunt mai puțin predispuși la tulburări psihice și au o mai mare capacitate de a face față situațiilor dificile. De asemenea, fericirea este asociată cu o mai bună capacitate de concentrare, memorie și învățare, ceea ce ne ajută să avem succes în diverse domenii ale vieții noastre.

Pe lângă beneficiile pentru sănătatea mentală, fericirea are și un impact semnificativ asupra sănătății fizice.

Persoanele care se simt fericite au un sistem imunitar mai puternic, sunt mai puțin predispuse la boli și au o mai mare longevitate. De asemenea, fericirea este asociată cu un nivel mai scăzut de tensiune arterială, boli de inimă și alte afecțiuni grave. Prin urmare, este important să încercăm să ne menținem nivelul de fericire cât mai ridicat posibil pentru a ne proteja sănătatea fizică.

Există numeroase modalități prin care putem crește nivelul de fericire în viața noastră. Unul dintre cele mai eficiente metode este practicarea recunoștinței. Atunci când ne concentrăm asupra lucrurilor bune din viața noastră și apreciem tot ceea ce avem, ne simțim mai fericiți și mai împliniți. De asemenea, activitățile care ne aduc plăcere și pe care le facem cu pasiune ne pot aduce bucurie și fericire.

"Fericirea nu constă în a avea
tot ceea ce îți dorești, ci în a
te mulțumi cu tot ceea ce ai."
- Confucius

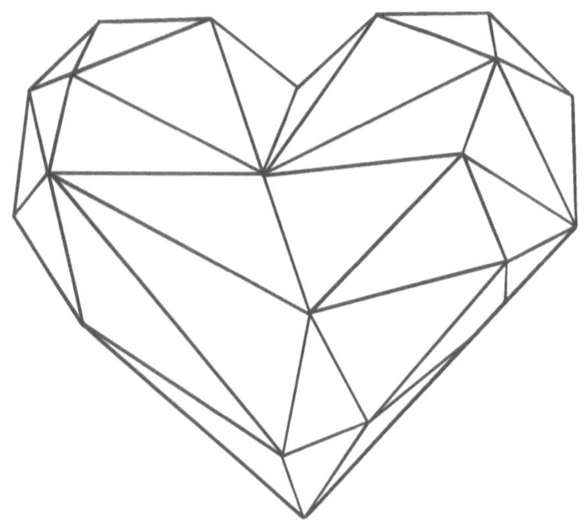

CAPITOLUL 2

Conceptul de psihologie pozitivă.

- *Ce reprezintă psihologia pozitivă și cum poate influența fericirea noastră.*
- *Cum putem aplica principiile psihologiei pozitive pentru a fi fericiți fără motive.*

Psihologia pozitivă este o ramură a psihologiei care se concentrează pe studiul factorilor care contribuie la fericire, bunăstare și satisfacție în viață. Această abordare pune accentul pe aspectele pozitive ale vieții și ale personalității umane, în loc să se concentreze pe probleme și tulburări psihologice.

Psihologia pozitivă s-a dezvoltat ca reacție la tendința dominantă din psihologie de a se concentra pe aspectele negative ale vieții și a tulburărilor mintale. În loc să se concentreze pe ce nu merge bine și pe cum să rezolve problemele, psihologia pozitivă se axează pe ce ne face fericiți, pe calitățile și resursele noastre pozitive și pe cum putem trăi o viață împlinită și autentică.

Principalul obiectiv al psihologiei pozitive este de a studia și de a promova aspectele care contribuie la starea de bine și la fericirea individului.

Aceasta include studierea unor aspecte cum ar fi optimismul, recunoștința, altruismul, încrederea în sine, relațiile pozitive cu ceilalți, realizarea obiectivelor personale și profesionale, satisfacția la locul de muncă, reziliența, satisfacția în relațiile interpersonale și echilibrul emoțional. Psihologia pozitivă nu neagă sau minimalizează existența problemelor și dificultăților cu care se confruntă oamenii în viață, ci încearcă să ofere perspective și resurse pentru a face față acestor provocări și pentru a le depăși cu succes. Pe lângă dezvoltarea personală, psihologia pozitivă se ocupă și de aplicarea principiilor sale în diverse domenii, cum ar fi educația, afacerile, sănătatea, relațiile interpersonale și dezvoltarea comunitară.

Unul dintre pilonii de bază ai psihologiei pozitive este conceptul de fericire și bunăstare subiectivă. Nivelul de fericire variază de la individ la individ și este influențat de factori interni (cum ar fi personalitatea, valori, credințe și atitudini) și factori externi (cum ar fi condițiile sociale, mediul în care trăim, relațiile interpersonale și realizările profesionale).

Un alt concept important în cadrul psihologiei pozitive este acela de reziliență. Reziliența se referă la capacitatea individului de a face față cu succes la situații dificile, stresante sau traumatice și de a se adapta în mod pozitiv la schimbările din viața sa. Persoanele reziliente sunt capabile să-și revină rapid după o traumă sau o dezamăgire, să-și păstreze optimismul și speranța și să-și mențină echilibrul emoțional în fața provocărilor.

O altă temă importantă în cadrul psihologiei pozitive este aceea a optimismului și a gândirii pozitive. Optimismul este o trăsătură de personalitate care se manifestă prin tendința de a privi viața în mod pozitiv, de a avea încredere în propria capacitate de a face față provocărilor și de a vedea lucrurile într-o lumină favorabilă. Gândirea pozitivă se referă la abilitatea de a privi aspectele bune din viață, de a aprecia resursele și oportunitățile pe care le avem și de a găsi soluții constructive la problemele cu care ne confruntăm.

Un alt concept-cheie în cadrul psihologiei pozitive este acela de recunoștință. Recunoștința este o emoție pozitivă care apare atunci când ne simțim recunoscători pentru lucrurile bune din viața noastră, pentru relațiile noastre interpersonale și pentru reușitele noastre personale și profesionale. Practicile de recunoștință, cum ar fi ținerea unui jurnal de recunoștință sau exprimarea recunoștinței către cei din jurul nostru, au fost asociate cu creșterea nivelului de fericire și bunăstare subiectivă.

Relațiile pozitive cu ceilalți sunt, de asemenea, un element crucial în cadrul psihologiei pozitive. Studiile arată că relațiile interpersonale sănătoase și satisfăcătoare contribuie semnificativ la starea de bine a individului și la fericirea sa. Legăturile sociale pozitive, sentimentul de apartenență și sprijinul emoțional oferit de cei din jur sunt factori importanți în menținerea sănătății mentale și în prevenirea depresiei și a izolării sociale.

Psihologia pozitivă pune și accentul pe dezvoltarea personală și profesională a individului. Aceasta încurajează explorarea și dezvoltarea potențialului personal, identificarea și cultivarea resurselor și abilităților proprii, stabilirea și atingerea obiectivelor personale și profesionale și cultivarea unei atitudini de autenticitate și autenticitate în relația cu ceilalți.

Psihologia pozitivă reprezintă o abordare optimistă și constructivă asupra vieții și a personalității umane. Prin studiul și promovarea aspectelor pozitive ale vieții și ale individului, psihologia pozitivă ne oferă resurse și perspective pentru a trăi o viață mai fericită, mai împlinită și mai autentică. Această abordare nu neagă existența problemelor și dificultăților, ci ne oferă instrumente și practici pentru a ne motiva, a ne susține și a ne dezvolta în mod pozitiv, indiferent de provocările cu care ne confruntăm.

Psihologia pozitivă este o ramură a psihologiei care se concentrează pe studierea aspectelor pozitive ale individului, cum ar fi fericirea, bunăstarea și satisfacția în viață. Acest domeniu se bazează pe ideea că oamenii au un potențial imens de a-și îmbunătăți viața prin dezvoltarea trăsăturilor lor pozitive și a abordărilor lor pozitive. Una dintre cele mai interesante aspecte ale psihologiei pozitive este capacitatea sa de a ne ajuta să fim fericiți, chiar și atunci când nu avem motive evidente pentru fericire. Fericirea a fost intotdeauna un subiect de interes major pentru oameni, fie că este vorba de cercetători, filozofi sau oameni obișnuiți.

Mulți oameni sunt conduși de dorința de a fi fericiți și de a trăi o viață plină de satisfacție și bucurie. Cu toate acestea, mulți dintre noi resimțim o lipsă constantă de fericire sau suntem afectați de probleme de sănătate mentală, stres, anxietate sau depresie. Psihologia pozitivă ne oferă un set de instrumente și tehnici pentru a ne ajuta să ne îmbunătățim bunăstarea psihologică și să găsim fericire în viața noastră, chiar și atunci când nu avem motive evidente pentru asta. Această abordare se bazează pe ideea că putem influența fericirea noastră prin schimbarea perspectivei noastre și a comportamentului nostru.

Una dintre cheile fericirii este abilitatea noastră de a ne adapta și de a găsi bucurie și satisfacție chiar și în situații dificile sau stresante. În acest sens, psihologia pozitivă ne oferă câteva principii și strategii care ne pot ajuta să fim fericiți fără motive evidente.

Iată câteva aspecte pe care le putem avea în vedere:

- Practică recunoștința.

Unul dintre cele mai puternice instrumente pentru a ne simți mai fericiți este practica recunoștinței.

Recunoașterea lucrurilor bune din viața noastră și aprecierea lor ne poate ajuta să ne concentrăm asupra aspectelor pozitive și să fim recunoscători pentru ceea ce avem.

- Cultivă conexiunile sociale.

Relațiile sociale sunt esențiale pentru starea noastră de bine și fericirea noastră. Investește timp și energie în relațiile tale cu cei dragi și încearcă să cultivi conexiuni sănătoase și pozitive cu ceilalți.

- Îmbunătățește starea ta de spirit.

Fii conștient de starea ta de spirit și fă eforturi pentru a o îmbunătăți. Practică activități care îți aduc bucurie și îți ridică moralul, cum ar fi sportul, meditația sau cititul.

- Fii amabil cu tine însuți.

Învață să-ți acorzi timp pentru tine însuți și să-ți oferi iubire și compasiune. Încurajează-te, recunoaște-ți realizările și fii blând cu tine însuți.

- Crește-ți încrederea în sine.

Construirea încrederii în sine poate fi esențială pentru fericirea ta. Lucrează la îmbunătățirea abilităților tale, depășește-ți limitele și învață să-ți apreciezi calitățile și competențele.

Acestea sunt doar câteva exemple de strategii și principii pe care le putem aplica în viața noastră pentru a fi fericiți fără motive evidente. Psihologia pozitivă ne oferă o perspectivă optimistă asupra vieții și a potențialului nostru de a trăi o viață plină de bucurie și satisfacție, indiferent de circumstanțele externe.

Mai mult decât atât, psihologia pozitivă ne încurajează să ne concentrăm asupra calităților noastre pozitive, să dezvoltăm relații sănătoase și să cultivăm o atitudine pozitivă față de viață. Prin aplicarea acestor principii și strategii în viața noastră de zi cu zi, putem să ne creștem nivelul de fericire și să ne bucurăm de un sentiment general de bine.

O altă componentă importantă a psihologiei pozitive este accentul pus pe practicile care ne pot ajuta să ne eliberăm de gânduri și emoții negative și să cultivăm stările pozitive, cum ar fi mulțumirea, iubirea sau recunoștința. Această abordare se bazează pe ideea că avem un control asupra propriei noastre fericiri și că putem învăța să fim fericiți, indiferent de situația în care ne aflăm.

Unul dintre principiile esențiale ale psihologiei pozitive este învățarea practicilor de mindfulness sau conștiență plină. Mindfulness este o practică mentală care ne ajută să fim prezenți în momentul actual, să fim conștienți de gândurile și emoțiile noastre și să le acceptăm fără a le judeca. Prin practicarea mindfulness, putem să ne eliberăm de stresul și anxietatea noastră, să ne concentrăm asupra prezentului și să ne conectăm la propria noastră fericire interioară.

De asemenea, psihologia pozitivă ne încurajează să ne concentrăm asupra lucrurilor care ne aduc bucurie și mulțumire, să ne eliberăm de grijile și fricile noastre și să ne concentrăm asupra aspectelor pozitive ale vieții noastre. Prin practicarea acestui tip de atitudine pozitivă, putem să ne simțim mai fericiți și mai împliniți, chiar și atunci când trecem printr-o perioadă dificilă sau provocatoare.

O altă componentă importantă a psihologiei pozitive este dezvoltarea optimismului și a speranței. Optimismul este o abordare pozitivă față de viață, care ne ajută să ne concentrăm asupra posibilităților și soluțiilor, în loc de problemele și blocajele noastre.

Prin cultivarea optimismului și a speranței, putem să ne eliberăm de gândurile negative și să ne concentrăm asupra unui viitor mai luminos și mai plin de oportunități.
Pe lângă aceste aspecte, psihologia pozitivă ne oferă și modalități practice de a ne îmbunătăți starea de bine și de a ne găsi fericirea interioară.

Unele dintre aceste practici includ:
- Exercițiile de apreciere a vieții: Prin scrierea într-un jurnal a lucrurilor pozitive din viața ta și recunoașterea lor, poți să-ți îmbunătățești perspectiva și să-ți concentrezi atenția asupra aspectelor pozitive ale vieții tale.
- Practicarea bunătății și a generozității.

Fă gesturi mici de bunătate și generozitate pentru cei din jurul tău sau pentru tine însuți. Aceste acte de bunătate pot să-ți aducă o bucurie imensă și să-ți crească nivelul de fericire.

- Exercițiile de vizualizare pozitivă.

Vizualizează-ți obiectivele și visele împlinite și creează o imagine clară a ceea ce îți dorești să obții în viața ta. Vizualizarea pozitivă poate să-ți ofere o sursă de inspirație și motivație pentru a-ți atinge scopurile.

Prin aplicarea acestor practici și principii în viața ta de zi cu zi, poți să îți îmbunătățești starea de bine și să găsești fericirea, chiar și atunci când nu ai motive evidente pentru asta. Psihologia pozitivă oferă o abordare optimistă și realistă față de viață și potențialul nostru de a ne crea propria fericire și satisfacție.

Psihologia pozitivă ne oferă o perspectivă optimistă și inspirațională asupra vieții și a potențialului nostru de a fi fericiți, chiar și în lipsa unor motive evidente pentru fericire. Prin aplicarea principiilor și practicilor psihologiei pozitive în viața noastră de zi cu zi, putem să ne creștem nivelul de fericire și să găsim bucuria și satisfacția în viața noastră, indiferent de circumstanțele externe.

Fii deschis să explorezi această abordare și să îți descoperi potențialul de a fi fericiți fără motive!

"Psihologia pozitivă nu înseamnă
doar a trăi cu optimism și a fi fericit,
ci înseamnă și a învăța să faci față
provocărilor cu încredere și
reziliență."
Martin Seligman

CAPITOLUL 3

Identificarea și cultivarea valorilor personale.
- *Cum să identificăm și să ne conectăm cu valorile personale.*
- *Importanța cultivării valorilor pentru a ne simți fericiți și împliniți.*

Valorile personale sunt principiile și crezurile noastre fundamentale care ne ghidează în luarea deciziilor și acțiunilor noastre. Acestea sunt ceea ce considerăm important și valoros în viața noastră, și ne pot ajuta să trăim o viață autentică și împlinită. Identificarea și cultivarea acestor valori este un proces important în dezvoltarea personală și în atingerea fericirii și succesului în viață.

Identificarea valorilor personale:

Pentru a identifica valorile personale, este important să reflectăm asupra a ceea ce ne face cu adevărat fericiti si împliniți, și să ne întrebăm care sunt aspectele importante pentru noi în viață. Unele întrebări care ne pot ajuta să identificăm valorile personale sunt:

- Care sunt aspectele care ne fac să ne simțim cu adevărat împliniți și fericiți?
- Ce anume considerăm cel mai important în viața noastră?

- Ce principii și credințe ne ghidează în luarea deciziilor noastre?
- Care sunt lucrurile pentru care suntem gata să luptăm și să ne sacrificăm?

Dacă ne gândim la aceste întrebări și răspunsurile noastre la ele, putem începe să identificăm valorile personale care ne definesc și care ne pot ghida în viață.

Exemple de valori personale ar putea include:
- Onestitatea: să fii cinstit și sincer în toate interacțiunile noastre
- Respectul: să tratăm pe ceilalți cu respect și să fim respectați în schimb
- Încrederea: să avem încredere în noi înșine și în ceilalți
- Empatia: să ne punem în locul celorlalți și să fim empatici cu sentimentele lor
- Responsabilitatea: să ne asumăm responsabilitatea pentru acțiunile noastre și pentru consecințele acestora
- Iubirea: să iubim și să fim iubiți în relațiile noastre
- Generozitatea: să fim generoși și să împărtășim cu cei din jurul nostru
- Curajul: să avem curajul să ne confruntăm cu provocările și să ne depășim fricile

Cultivarea valorilor personale:

O dată ce am identificat valorile personale, este important să le cultivăm și să le integram în viața noastră de zi cu zi. Acest lucru poate implica luarea unor decizii în conformitate cu valorile noastre, și să acționăm în concordanță cu ele. De exemplu, dacă valorăm onestitatea, ar trebui să fim sinceri în toate interacțiunile noastre, chiar și atunci când este dificil sau incomod.

Iată câteva sfaturi pentru cultivarea valorilor personale:

1. Identifică prioritățile tale: fă o listă cu valorile pe care le consideri cele mai importante în viața ta și stabilește ordinea lor de importanță. Astfel, vei ști la ce să te ferești când iei decizii importante.

2. Fii congruent: asigură-te că acțiunile tale sunt în concordanță cu valorile tale. Dacă valorizezi respectul, asigură-te că tratezi pe ceilalți cu respect și că îți ceri respectul în schimb.

3. Practică-ți valorile: cultivarea valorilor personale implică practicarea constantă a acestora în viața de zi cu zi. Fă obiceiuri sănătoase care să promoveze valorile pe care le ai, și ia decizii în conformitate cu ele.

4. Învață din greșeli: este normal să facem greșeli în calea noastră de a cultiva valorile personale. Important este să învățăm din aceste greșeli și să încercăm să ne îmbunătățim în continuu.

5. Comunică-ți valorile: exprimă deschis și sincer ce valorizezi în viața ta. Comunicarea valorilor tale poate ajuta la stabilirea unor conexiuni mai profunde cu cei din jurul tău și la crearea unui mediu în care valorile tale să fie respectate.

Identificarea și cultivarea valorilor personale este un proces important în dezvoltarea noastră personală și în atingerea fericirii și succesului în viață. Prin reflectarea asupra a ceea ce considerăm important și valoros în viața noastră, putem identifica acele principii și credințe care ne ghidează și ne definesc. Cultivarea acestor valori prin acțiuni și decizii în concordanță cu ele ne poate ajuta să trăim o viață autentică și autorealizată. Identificarea și conectarea cu valorile personale este un proces important în viața noastră, deoarece ne ajută să ne cunoaștem mai bine, să ne orientăm în luarea deciziilor și să trăim o viață mai autentică și împlinită.

Valorile personale sunt principiile și credințele noastre fundamentale, care ne ghidează în alegerile pe care le facem și în modul în care ne comportăm în diferite situații.

Pentru a identifica și conecta cu valorile personale, este important să ne analizăm atent ceea ce ne motivează și ne inspiră în viață. Putem începe prin a reflecta asupra momentelor sau experiențelor care ne-au adus cele mai mari satisfacții și împliniri, și să ne întrebăm ce anume despre acele momente ne-a făcut să ne simțim atât de bine. Acestea pot fi indicii importante în identificarea valorilor noastre personale.

Un alt mod de identificare a valorilor personale este să ne întrebăm care sunt principiile și credințele noastre fundamentale, care ne ghidează în viață. Putem face o listă cu aceste principii și să le analizăm pentru a vedea care dintre ele sunt cele mai importante pentru noi.

De exemplu, pentru unii oameni valorile personale pot fi onestitatea, integritatea, compasiunea sau încrederea în sine.

De asemenea, putem să ne uităm la modelele și exemplele de oameni din viața noastră care ne inspiră și să vedem care sunt valorile lor și cum acestea se potrivesc cu ale noastre.

Aceste exemple pot fi surse de inspirație pentru a ne cunoaște mai bine și pentru a ne conecta cu valorile noastre personale.

Conectarea cu valorile personale nu înseamnă doar să le identificăm, ci și să le trăim în mod activ în viața noastră de zi cu zi. Pentru a face acest lucru, putem să ne setăm obiective și să luăm decizii care să fie în acord cu valorile noastre personale.

De exemplu, dacă una dintre valorile noastre este sinceritatea, putem să ne asigurăm că suntem întotdeauna sinceri în relațiile noastre cu ceilalți și în comunicarea noastră.

Un alt mod de a ne conecta cu valorile personale este să ne evaluăm constant acțiunile și alegerile noastre pentru a vedea dacă acestea sunt în concordanță cu ceea ce credem și cu valorile noastre.

Dacă observăm că ne abatem de la valorile noastre personale, putem să ne întrebăm de ce se întâmplă acest lucru și să facem schimbările necesare pentru a reveni pe drumul corect.

Este important să înțelegem că identificarea și conectarea cu valorile personale este un proces continuu și că este normal să ne schimbăm și să ne adaptăm valorile în funcție de experiențele și învățăturile pe care le primim în viață. Prin urmare, este important să fim deschiși la schimbare și să rămânem fideli celor mai importante principii și credințe ale noastre. Renunțarea la valorile personale sau ignorarea lor poate duce la un sentiment de neîmplinire și de lipsă de sens în viața noastră. De aceea, este esențial să ne conectăm cu valorile personale și să le trăim în mod autentic și conștient în fiecare zi.

Există numeroase elemente care contribuie la starea noastră de bine și la sentimentul de împlinire în viață, iar cultivarea valorilor personale este unul dintre cele mai importante aspecte care ne pot aduce fericirea și satisfacția pe termen lung. Valorile reprezintă principiile și convingerile noastre despre ceea ce este important și demn de apreciat în viață.

Acestea pot fi diferite de la o persoană la alta, în funcție de educație, cultură, experiențe de viață sau alte factori individuali.

Unele dintre valorile comune pe care mulți oameni le apreciază includ onestitatea, loialitatea, generozitatea, respectul față de ceilalți sau responsabilitatea.

De ce este important să cultivăm valorile în viața noastră?

Există mai multe motive pentru care acest aspect este esențial pentru a ne simți fericiți și împliniți:

- Definirea scopului și direcției în viață: Valorile ne ajută să punem în ordine prioritățile în viață și să ne concentrăm asupra ceea ce este cu adevărat important pentru noi. Ele ne ghidează în luarea deciziilor și în stabilirea obiectivelor personale sau profesionale.

De exemplu, dacă valorăm sinceritatea și integritatea, vom alege întotdeauna să acționăm în mod onest și corect în relațiile cu ceilalți, chiar dacă acest lucru poate avea consecințe negative pentru noi. Valorile ne ajută să ne definim scopurile și direcția în viață, oferindu-ne un cadru clar în care să ne desfășurăm activitățile zilnice.

- Construirea relațiilor sănătoase: Valorile joacă un rol crucial în stabilirea relațiilor sănătoase cu ceilalți oameni.

Atunci când împărtășim valorile cu partenerul nostru de viață, cu familia sau prietenii noștri, ne întărim încrederea reciprocă și creăm o bază solidă pentru relații de lungă durată.

De exemplu, dacă ambele persoane dintr-o relație valorizează respectul reciproc, vor fi mai puțin probabil să cadă în conflicte sau neînțelegeri. Valorile comune creează o legătură puternică între oameni și îi ajută să își susțină unul pe altul în momentele dificile.

- Atunci când împărtășim valorile cu partenerul nostru de viață, cu familia sau prietenii noștri, ne întărim încrederea reciprocă și creăm o bază solidă pentru relații de lungă durată.

De exemplu, dacă ambele persoane dintr-o relație valorizează respectul reciproc, vor fi mai puțin probabil să cadă în conflicte sau neînțelegeri. Valorile comune creează o legătură puternică între oameni și îi ajută să își susțină unul pe altul în momentele dificile.

- Imbunătățirea stimei de sine și a încrederii în sine: Când trăim în conformitate cu valorile noastre personale, ne simțim mai autentici și mai încrezători în noi înșine. Alegând să acționăm în conformitate cu ceea ce credem, ne consolidăm identitatea și ne consolidăm încrederea în propriile noastre alegeri.

De exemplu, dacă valorăm empatia și compasiunea față de ceilalți, ne vom simți mai bine cu noi înșine atunci când oferim sprijin sau ajutor unei persoane aflate în suferință. Valorile ne ajută să dezvoltăm o stima de sine pozitivă și să ne afirmăm identitatea în lume.

- Gasirea sensului și semnificației în viață: Una dintre cele mai mari satisfacții pe care le putem experimenta în viață este să simțim că ceea ce facem are un scop și o semnificație mai mare. Valorile ne ghidă în căutarea sensului în existența noastră și ne ajută să ne simțim conectați la ceva mai mare decât noi înșine.

De exemplu, dacă valorăm altruismul și bunătatea față de ceilalți, vom simți o satisfacție profundă atunci când ajutăm sau sprijinim pe cineva în nevoie.

- Creșterea rezilienței și a echilibrului emoțional: Valorile ne ajută să ne menținem echilibrul emoțional și să facem față mai ușor provocărilor și dificultăților vieții. Atunci când ne ghidăm după convingerile noastre și ne comportăm în mod consecvent cu ele, ne simțim mai puternici și mai capabili să depășim obstacolele care ne ies în cale.

De exemplu, dacă valorăm optimismul și perseverența în fața dificultăților, vom fi mai puțin tentați să renunțăm sau să ne simțim copleșiți de situații stressante. Valorile ne dau puterea de a ne recâștiga echilibrul emoțional și de a rămâne fermi în fața adversităților.

Cultivarea valorilor personale este esențială pentru a ne simți fericiți și împliniți în viață. Valorile ne ajută să ne definim scopurile și direcția în viață, să construim relații sănătoase cu ceilalți, să ne îmbunătățim stima de sine și încrederea în noi înșine, să găsim sensul și semnificația în existența noastră și să creștem reziliența și echilibrul emoțional în fața dificultăților vieții. Prin cultivarea valorilor personale, putem descoperi adevărata fericire și satisfacție în viața noastră.

"Valorile noastre sunt precum soarele nostru interior, care ne îndrumă în călătoria noastră prin viață și ne luminează calea. Identificarea și cultivarea lor ne ajută să ne aflăm adevărata noastră identitate și să ne trăim autenticitatea."
Confucius

CAPITOLUL 4

Practicarea recunoștinței zilnice.

- *Cum recunoștința poate influența nivelul nostru de fericire.*
- *Tehnici și exerciții pentru a practica recunoștința zilnică.*

Recunoștința este un concept puternic care poate avea un impact semnificativ asupra stării noastre de bine și a relațiilor noastre cu ceilalți. Practicarea recunoștinței zilnice ne poate ajuta să ne concentrăm asupra lucrurilor bune din viața noastră și să fim mai conștienți de beneficiile pe care le avem. Recunoștința este definită ca o recunoaștere și apreciere a beneficiilor sau a bunăvoinței primite de la ceilalți. Este o emoție profundă de mulțumire pentru ceea ce avem și pentru ceea ce ni s-a oferit. Practicarea recunoștinței zilnice înseamnă să ne luăm timp să reflectăm asupra lucrurilor pentru care suntem recunoscători și să ne concentrăm asupra acestora.

Există numeroase beneficii ale practicării recunoștinței zilnice. Studiile arată că persoanele care practică recunoștința sunt mai fericite și mai sănătoase.

Ei se simt mai mulțumiți cu viața lor și au o atitudine mai pozitivă. Recunoașterea recunoscătorii poate îmbunătăți starea de spirit, reducând simptomele depresiei și anxietății.

Practicarea recunoștinței zilnice ne poate ajuta să ne concentrăm asupra lucrurilor bune din viața noastră și să nu ne lăsăm copleșiți de problemele sau stresul zilnic. Ne poate schimba perspectiva și ne poate face să apreciem mai mult lucrurile simple și mici din viața noastră. De asemenea, practicarea recunoștinței zilnice poate îmbunătăți relațiile noastre cu ceilalți, deoarece ne face mai atenți la nevoile și dorințele celor din jur. Există mai multe modalități de a practica recunoștința zilnică. Una dintre ele este să ținem un jurnal de recunoștință, în care să notăm zilnic lucrurile pentru care suntem recunoscători. Putem scrie despre lucrurile mici și simple, cum ar fi o dimineață frumoasă sau o conversație plăcută cu un prieten. De asemenea, putem exprima recunoștința verbal, spunând „mulțumesc" sincer și apreciind eforturile celor care ne ajută sau ne susțin.

Practicarea recunoștinței zilnice poate fi o sursă de bucurie și mulțumire în viața noastră.

Ne poate ajuta să ne concentrăm asupra lucrurilor importante și să apreciem momentele frumoase și unice pe care le trăim în fiecare zi. Este important să nu uităm să ne exprimăm recunoștința față de cei din jurul nostru și să le arătăm cât de mult îi apreciem. Recunoștința este o emoție puternică, cu o influență semnificativă asupra nivelului nostru de fericire și bunăstare. Este capacitatea noastră de a recunoaște și aprecia lucrurile bune din viața noastră, indiferent de cât de mici sau mari sunt acestea. Atunci când suntem recunoscători, ne concentrăm asupra aspectelor pozitive ale vieții noastre și avem o atitudine mai pozitivă și optimistă.

Există numeroase studii care au demonstrat că practicarea recunoștinței are numeroase beneficii asupra sănătății mentale și emoționale. Persoanele care practică recunoștința regulat sunt mai fericite, mai puțin anxioase și depresive, au mai multe relații pozitive și se simt mai mulțumite cu viața lor. Recunoștința poate fi văzută ca un antidot împotriva negativității și stresului, ajutându-ne să ne concentrăm asupra lucrurilor care contează cu adevărat și să ne bucurăm de ceea ce avem.

Unul dintre modurile în care recunoștința influențează nivelul nostru de fericire este prin schimbarea percepției noastre asupra lumii și a vieții noastre. Atunci când suntem recunoscători, ne concentrăm asupra lucrurilor bune și ne reamintim de toate motivele pe care le avem să fim recunoscători. Aceasta ne ajută să privim cu optimism viitorul și să ne bucurăm mai mult de prezent.

Un alt mod în care recunoștința poate influența nivelul nostru de fericire este prin crearea unui cerc pozitiv. Atunci când suntem recunoscători, manifestăm mai multă bunătate, generozitate și apreciere față de cei din jurul nostru. Acest lucru creează o atmosferă pozitivă în relațiile noastre și favorizează o comunitate mai unită și mai armonioasă. Oamenii care sunt recunoscători sunt și mai dispuși să ofere sprijin celorlalți și să împărtășească bucuria lor.

De asemenea, recunoștința poate influența nivelul nostru de fericire prin creșterea stimei de sine și a încrederii în sine. Atunci când ne concentrăm asupra lucrurilor bune din viața noastră și ne simțim recunoscători pentru ele, ne crește sentimentul de valoare și nevoia noastră de a fi apreciați. .

Aprecierea lucrurilor mărunte și recunoașterea importanței lor ne face să ne simțim mai de preț și să apreciem mai mult ceea ce avem.

Recunoștința poate contribui la creșterea nivelului nostru de fericire prin schimbarea perspectivei noastre asupra problemelor și dificultăților. Atunci când suntem recunoscători, suntem mai în măsură să găsim soluții și să depășim obstacolele din viața noastră. Ne concentrăm asupra resurselor și calităților noastre interioare, în loc să ne plângem de lipsuri și de neajunsuri. Acest lucru ne ajută să gestionăm mai bine stresul și să avem o atitudine mai pozitivă în fața provocărilor.

În concluzie, recunoștința este o emoție puternică, cu un impact semnificativ asupra nivelului nostru de fericire și bunăstare. Practicarea recunoștinței regulat ne ajută să ne concentrăm asupra aspectelor pozitive ale vieții noastre, să ne bucurăm de ceea ce avem și să avem o atitudine mai optimistă și mai pozitivă față de lume. Recunoașterea și aprecierea lucrurilor bune din viața noastră ne fac să ne simțim mai mulțumiți, mai fericiti și mai împliniți.

Practica recunoștinței zilnice este una dintre cele mai eficiente modalități de a îmbunătăți starea noastră emoțională și psihologică. Recunoștința ne ajută să ne concentrăm pe aspectele pozitive din viața noastră, să apreciem mai mult ceea ce avem și să ne simțim mai mulțumiți și fericiți.

În continuare, voi prezenta 15 tehnici și exerciții simple pe care le poți folosi pentru a practica recunoștința zilnică:

- Jurnal de recunoștință.

Începe fiecare zi notând într-un jurnal trei lucruri pentru care ești recunoscător. Acestea pot fi lucruri mici sau mari, de la o cafea caldă dimineața la un zâmbet primit de la cineva drag.

- Meditație a recunoștinței.

Dedicați câteva minute în fiecare dimineață sau seară meditației recunoștinței. Concentrează-te asupra respirației tale și apoi recunoaște și apreciază tot ceea ce ai în viața ta.

- Ferestre de recunoștință.

Alege două sau trei momente din zi în care să te oprești și să observi frumusețea din jurul tău. Fie că este un apus de soare sau o floare care îți atrage atenția, fii recunoscător pentru aceste momente de frumusețe.

- Mulțumire în fața oglinzii.

În fiecare dimineață, când te uiți în oglindă, spune cu voce tare trei lucruri pentru care ești recunoscător în acel moment. Acest exercițiu te va ajuta să începi ziua cu gânduri pozitive.

- Mesaje de recunoștință.

Trimite mesaje de recunoștință celor dragi sau colegilor de muncă. O simplă notă sau mesaj de mulțumire poate face diferența în ziua lor și te va face și pe tine să te simți mai bine.

- Ziua recunoștinței.

Alege o zi din săptămână pentru a te concentra exclusiv pe recunoștință. Fă o listă cu tot ceea ce apreciezi în viața ta și dedica acea zi pentru a fi recunoscător pentru toate aceste lucruri.

- Practicarea recunoștinței în cuplu.

Petreceți câteva minute în fiecare zi împreună cu partenerul tău practicând recunoștința. Povestiți-vă reciproc ce vă faceți să vă simțiți recunoscători unul față de celălalt.

- Recunoștința în natură.

Petrece timp în natură și observă frumusețea din jurul tău. Fii recunoscător pentru aerul proaspăt, pentru copacii înfrunziți sau pentru sunetul păsărilor cântând.

- Recunoașterea emoțiilor.

Recunoașterea și acceptarea emoțiilor noastre este, de asemenea, o formă de recunoștință. Fii conștient de sentimentele tale și arată recunoștință pentru ele, indiferent dacă sunt pozitive sau negative.

- Gândire pozitivă.

Înlocuiește gândurile negative cu gânduri pozitive și recunoscătoare. Fii atent la modul în care te vorbești și înlocuiește critica cu recunoștința și aprecierea pentru tine însuți.

- Recunoștința în rutina zilnică.

Găsește momente în rutina ta zilnică pentru a practica recunoștința. Fie că este vorba de o pauză de prânz sau de o plimbare seara, găsește timp pentru a fi recunoscător pentru aceste momente de relaxare.

- Gesturi de recunoștință.

Fă gesturi mici de recunoștință pentru cei din jurul tău. Poate fi vorba de o simplă îmbrățișare, un zâmbet sau un compliment care să le arate celorlalți cât de mult îi apreciezi.

- Recunoașterea resurselor interne.

Fii recunoscător pentru calitățile tale, pentru abilitățile tale și pentru resursele interioare care te ajută să faci față provocărilor vieții.

- Recunoașterea eșecurilor.

Învață să fii recunoscător și pentru eșecurile tale. Ele sunt o oportunitate de învățare și creștere personală. Recunoașterea acestor momente dificile te va ajuta să-ți dezvolți reziliența și să-ți apreciezi succesul atunci când acesta vine.

- Recunoașterea schimbării.

Fii recunoscător pentru schimbările care au loc în viața ta. Chiar dacă unele schimbări pot părea dificile sau neplăcute la început, ele pot avea un impact pozitiv asupra ta pe termen lung. Recunoașterea și acceptarea acestor schimbări te va ajuta să te dezvolți și să te adaptezi mai ușor la noile situații.

Practica recunoștinței zilnice poate avea un impact semnificativ asupra stării tale emoționale și mentale. Prin aceste tehnici și exerciții simple, poți începe să îți dezvolți capacitatea de a aprecia și recunoaște lucrurile frumoase din viața ta, ceea ce te va ajuta să te simți mai fericit și mai mulțumit. Nu uita că recunoștința este o practică constantă și că trebuie să o cultivi în mod regulat pentru a observa beneficiile ei pe termen lung.

"Recunoștința nu este doar o virtute a înțeleptului, ci și o practică esențială pentru a trăi o viață împlinită și fericită."
Epictet

CAPITOLUL 5

Învățarea să trăim în prezent.

- *Cum putem să ne eliberăm de regrete din trecut și îngrijorări legate de viitor.*
- *Tehnici de mindfulness pentru a trăi în prezent și a ne bucura de fiecare moment.*

Învățarea să trăim în prezent este un proces care necesită autodisciplină și perseverență. Este vorba despre a ne concentra atenția și energia asupra momentului prezent, fără să ne lăsăm copleșiți de grijile legate de trecut sau de viitor. A trăi în prezent înseamnă să fim conștienți de fiecare clipă, să savurăm fiecare respirație și să fim recunoscători pentru tot ceea ce avem în acest moment. A fi prezent înseamnă să fim cu adevărat conectați la noi înșine, la ceilalți și la lumea din jurul nostru. Este o stare de conștientizare și acceptare a realității curente, fără a ne pierde în gânduri sau emoții legate de trecut sau de viitor. Este o formă de eliberare și de liniște interioară, care ne ajută să trăim mai autentic și mai plenar.

Există multe modalități prin care putem învăța să trăim în prezent.

Una dintre ele este practica meditației, care ne ajută să ne concentrăm atenția asupra momentului prezent și să ne relaxăm mintea și corpul. Meditația ne învață să fim conștienți de respirația noastră, de senzațiile din corp și de gândurile care ne trec prin minte, fără să ne atașăm de ele sau să le judecăm.

Alt mod de a trăi în prezent este prin practicarea mindfulness-ului, adică fiind conștienți de fiecare acțiune pe care o întreprindem în fiecare moment. De exemplu, atunci când mâncăm, putem fi cu adevărat prezenți în acel moment, savurând gustul hranei și simțind textura și mirosul acesteia. Sau atunci când ne plimbăm, putem fi atenți la fiecare pas pe care-l facem, la frumusețea naturii din jurul nostru și la sunetele din mediul înconjurător.

De asemenea, putem să trăim în prezent prin practicarea recunoștinței și a aprecierii. În fiecare zi, putem să ne oprim pentru câteva minute și să reflectăm asupra lucrurilor bune din viața noastră, să ne bucurăm de ele și să fim recunoscători pentru ele. Recunoașterea și aprecierea ne ajută să ne concentrăm asupra lucrurilor pozitive și să fim mai prezenți și mai mulțumiți în viața noastră.

Pe lângă aceste practici, putem învăța să trăim în prezent prin simpla conștientizare a modului în care ne petrecem timpul și a modului în care ne raportăm la evenimentele din viața noastră. Dacă ne dăm seama că ne petrecem prea mult timp gândindu-ne la trecut sau la viitor, putem să ne aducem aminte să ne reorientăm atenția asupra momentului prezent și să ne concentrăm asupra a ceea ce avem de făcut în acel moment.

Învățarea să trăim în prezent nu este un proces ușor și nu se întâmplă peste noapte. Necesită practică, răbdare și auto-observație constantă. Cu toate acestea, beneficiile trăirii în prezent sunt imense: ne ajută să ne simțim mai bine în propria piele, să avem relații mai profunde și autentice cu ceilalți și să ne bucurăm mai mult de tot ceea ce ne oferă viața. Este un dar prețios pe care ni-l putem oferi nouă înșine și celor din jurul nostru. Regrete din trecut și îngrijorări legate de viitor sunt sentimente comune pe care le simțim cu toții la un moment dat în viața noastră. Ne gândim la greșelile pe care le-am făcut în trecut sau ne facem griji în legătură cu ce ne rezervă viitorul. Aceste sentimente pot crea un stres și o anxietate de care nu ne putem elibera ușor.

Totuși, există modalități prin care putem să învățăm să ne eliberăm de regrete și îngrijorări, pentru a trăi în prezent și a ne bucura mai mult de viață.

Un prim pas important este să înțelegem că trecutul nu poate fi schimbat și viitorul nu poate fi prezis. Cu alte cuvinte, nu putem să schimbăm ceea ce s-a întâmplat în trecut și nu putem să controlam tot ce se va întâmpla în viitor. Ce putem controla însă este prezentul, modul în care ne raportăm la ceea ce s-a întâmplat în trecut și modul în care ne pregătim pentru viitor.

Unul dintre modurile prin care putem să ne eliberăm de regrete din trecut este să ne iertăm pe noi înșine. Este important să înțelegem că suntem ființe umane și că facem greșeli. Greșelile fac parte din experiența noastră de viață și ne pot ajuta să creștem și să ne dezvoltăm. În loc să ne auto-flagelăm pentru greșelile pe care le-am făcut în trecut, ar trebui să ne acceptăm și să ne iertăm. Acceptarea și iertarea de sine ne pot ajuta să ne eliberăm de povara regretelelor și să mergem mai departe.

Un alt mod de a gestiona regretele din trecut este să învățăm din ele. În loc să ne concentrăm asupra a ceea ce am fi putut face diferit în trecut, ar trebui să ne întrebăm ce lecții putem să învățăm din acele experiențe și cum ne pot ajuta să ne dezvoltăm în prezent. Prin învățarea din greșeli, putem să creștem și să devenim persoane mai puternice și mai înțelepte.

În ceea ce privește îngrijorările legate de viitor, este important să înțelegem că de cele mai multe ori acestea sunt rezultatul gândurilor negative și neliniștite. Ne facem griji în legătură cu lucruri care încă nu s-au întâmplat sau care poate că nici nu se vor întâmpla niciodată. Pentru a ne elibera de aceste îngrijorări, putem să ne concentrăm asupra prezentului și să fim conștienți de gândurile noastre și de modul în care acestea ne influențează starea de spirit.

O tehnică eficientă pentru a ne elibera de îngrijorările legate de viitor este meditația și mindfulness-ul. Prin meditație, putem să ne antrenăm mintea să fie prezentă în acel moment, fără să se lase distrasă de gândurile negative și neliniștite legate de viitor. Practicând mindfulness-ul, putem să ne concentrăm asupra respirației noastre sau asupra senzațiilor din corpul nostru și să fim conștienți de momentul prezent, fără să ne lăsăm cufundați în anxietate pentru viitor.

Un alt mod de a ne elibera de îngrijorările legate de viitor este să ne concentrăm asupra a ceea ce putem controla și să acceptăm faptul că există lucruri pe care nu le putem controla. Uneori, ne facem griji pentru lucruri asupra cărora nu avem nicio putere și care nu depind de noi. În loc să ne consumăm energia cu acele aspecte, ar trebui să ne concentăm asupra acțiunilor pe care le putem întreprinde în prezent pentru a ne îmbunătăți viața și a crea un viitor mai bun.

Este important să ne amintim că regretele din trecut și îngrijorările legate de viitor sunt sentimente normale și că nu suntem singuri în aceste experiențe. Totuși, nu ar trebui să lăsăm să ne controleze și să ne limiteze viața. Prin acceptarea, iertarea și învățarea din trecut și prin concentrarea pe prezent și acțiunile pe care le putem întreprinde în viitor, putem să ne eliberăm de regrete și îngrijorări și să trăim o viață mai plină și mai fericită.

Mindfulness este abilitatea de a fi prezent pe deplin în momentul actual, fără a ne lăsa distrasți de gândurile despre trecut sau viitor.

Practicarea mindfulness poate aduce o serie de beneficii pentru sănătatea noastră mentală și emoțională, precum reducerea stresului, îmbunătățirea concentrării și creșterea stării de bine.

Există mai multe tehnici de mindfulness pe care le putem folosi în viața de zi cu zi pentru a ne ajuta să trăim în prezent și să ne bucurăm de fiecare moment.

Iată câteva dintre aceste tehnici, împreună cu exemple practice de aplicare:

- Observarea respirației.

- O tehnică simplă și eficientă de mindfulness este să ne concentrăm pe respirația noastră. Putem să ne așezăm într-o poziție comodă, să închidem ochii și să observăm cum aerul intră și iese din corpul nostru. Putem conta respirațiile sau putem să ne concentrăm doar pe senzația de umflare și desumflare a plămânilor. Această tehnică ne ajută să ne aducem atenția înapoi în prezent și să ne relaxăm.

- Scanarea corpului.

- O altă tehnică de mindfulness este scanarea corpului, în care ne concentrăm pe fiecare parte a corpului nostru, de la cap până la picioare.

Putem simți senzațiile fizice din fiecare zonă a corpului nostru, observând orice tensiune sau disconfort. Această tehnică ne ajută să devenim mai conștienți de corpul nostru și să eliberăm eventualele tensiuni acumulate.

• Observarea senzațiilor.

- În viața cotidiană, suntem adesea distrași de gânduri și emoții care ne invadează mintea. O tehnică de mindfulness este să devenim mai conștienți de aceste gânduri și emoții, observându-le fără a le judeca sau a ne identifica cu ele. Putem să le privim ca pe niște nori care trec pe cerul minții noastre, fără să ne lăsăm prins în vârtejul lor.

• Recunoștința.

- Practicarea recunoștinței este o altă modalitate de a trăi în prezent și de a ne bucura de fiecare moment. Putem să ne oprim din agitația zilnică și să reflectăm la lucrurile bune din viața noastră, la oamenii care ne sunt dragi sau la experiențele frumoase pe care le-am trăit. Recunoștința ne ajută să ne concentrăm asupra aspectelor pozitive din viața noastră și să apreciem fiecare moment cu adevărat.

• Mâncarea conștientă.

- Un alt mod de a practica mindfulness este să mâncăm conștient, observând fiecare gust, textură și miros al alimentelor pe care le consumăm.

Putem să ne bucurăm de fiecare înghițitură și să fim recunoscători pentru hrana pe care o avem în fața noastră. Mâncarea conștientă ne ajută să ne conectăm cu corpul nostru și să ne bucurăm de experiența de a mânca.

- Plimbările în natură.
- O modalitate minunată de a trăi în prezent este să facem plimbări în natură, observând frumusețea și liniștea mediului înconjurător. Putem să ne concentram atenția asupra sunetelor, mirosurilor și culorilor din jurul nostru, lăsându-ne purtat de liniștea naturii. Plimbările în natură ne ajută să ne relaxăm și să ne reconectăm cu noi înșine.

- Meditația.
- Meditația este una dintre cele mai puternice tehnici de mindfulness, care ne ajută să ne antrenăm mintea să fie prezentă și fără gânduri. Putem să alocăm câteva minute în fiecare zi pentru a medita, concentrându-ne pe un obiect de meditație sau pe respirație noastră. Meditația ne ajută să ne eliberăm de stres și să ne cultivăm o stare de calm interior.

- Observarea naturii.
- Natura este o modalitate de a ne conecta cu prezentul. Putem admira frumusețea florilor și copacilor sau putem asculta cântecul păsărilor.

Observarea naturii ne ajută să ne relaxăm și să ne bucurăm de frumusețea lumii din jurul nostru.

- Purtarea bijuteriilor,

– Orice bijuterie poartă o poveste. Prin purtarea lor, poți aminti anumite momente frumoase sau persoane dragi.

De exemplu, o brățară primită de la bunica ta poate să îți amintească de înțelepciune sa și de iubirea pe care ți-a dăruit-o.

- Ascultarea muzicii.

– Muzica este o sursă de bucurie și relaxare. Ascultarea muzicii în tihnă, cu ochii închiși, poate să te ajute să te concentrezi pe sunetele melodioase și să te relaxezi complet.

- Gătitul.

– Gătitul este o activitate care te poate ajuta să trăiești în prezent și să te bucuri de fiecare etapă a procesului culinar. Poți să te concentrezi asupra aromelor, texturilor și culorilor alimentelor pe care le pregătești și să te bucuri de rezultatul final.

- Jurnalul de recunoștință.

– A lua notițe despre lucrurile pentru care ești recunoscător poate să te ajute să îți amintești de aspectele pozitive din viața ta și să apreciezi mai mult ceea ce ai.

Poți să îți notezi zilnic câteva lucruri pentru care ești recunoscător și să te bucuri de ele.

- Relaționarea cu ceilalți.

- O modalitate de a trăi în prezent este să fii prezent și atent în relațiile tale cu ceilalți. Poți să îți concentrezi atenția asupra celorlalte persoane din viața ta, să le asculți cu atenție și să îți exprimi recunoștința față de ele.

- Practicarea activităților creative.

-Practicarea unei activități creative, precum pictura sau scrierea, te poate ajuta să trăiești în prezent și să te bucuri de exprimarea ta artistică. Poți să te concentrezi asupra detaliilor lucrării tale și să te lași purtat de inspirație.

- Observarea stelelor.

- Admirarea stelelor de pe cer poate să fie o modalitate minunată de a trăi în prezent și de a te simți conectat cu universul înconjurător. Poți să îți aloci timp să privești stelele pe cerul nopții și să te bucuri de frumusețea lor. Practicarea mindfulness poate fi o modalitate eficientă de a trăi în prezent și de a ne bucura de fiecare moment. Cu ajutorul acestor tehnici de mindfulness, putem să ne aducem atenția înapoi în prezent, să ne relaxăm și să ne conectăm cu noi înșine și cu lumea din jurul nostru.

"Nu îți pierde prezentul gândind la trecut sau preocupându-te de viitor, deoarece prezentul este singurul moment real de care dispui."
- Buddha

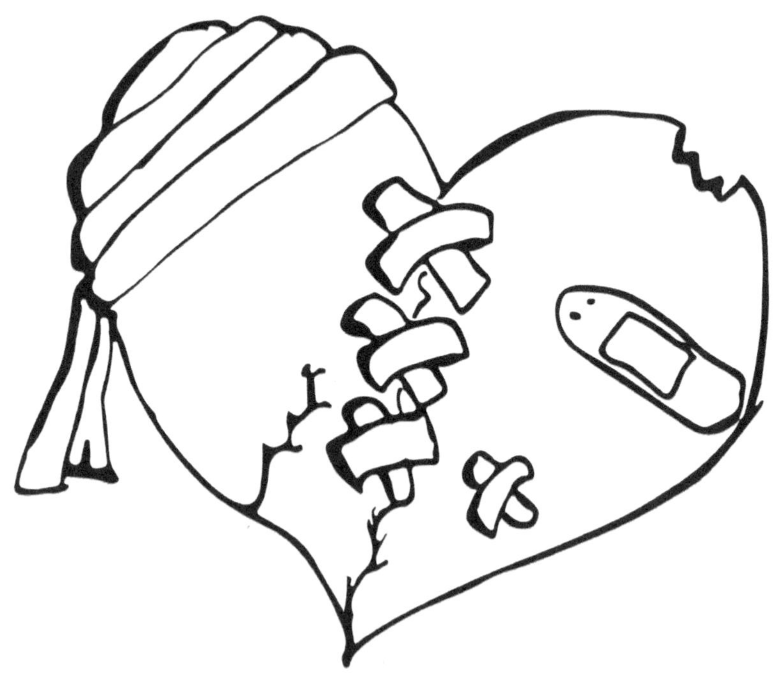

Capitolul 6

Gestionarea stresului și a emoțiilor negative.

- *Cum stresul și emoțiile negative ne pot afecta fericirea.*
- *Strategii eficiente pentru gestionarea stresului și a emoțiilor negative.*

Stresul și emoțiile negative sunt parte din viața noastră și pot fi declanșate de o varietate de factori, precum presiunea la locul de muncă, problemele de sănătate, conflictele interpersonale sau alte situații tensionate. Este important să avem în vedere că stresul și emoțiile negative pot avea un impact semnificativ asupra sănătății noastre fizice și mentale, motiv pentru care gestionarea lor adecvată este esențială pentru a ne menține echilibrul și buna dispoziție.

Există mai multe strategii eficiente pentru gestionarea stresului și a emoțiilor negative, iar în continuare voi explora aceste strategii în detaliu, oferind exemple concrete pentru fiecare dintre ele.

- Identificarea și conștientizarea emoțiilor negative.

Primul pas în gestionarea emoțiilor negative este să le identificăm și să le conștientizăm. Este important să ne cunoaștem propriile emoții și să fim capabili să le recunoaștem atunci când apar. De multe ori, persoanele se simt copleșite de emoțiile negative fără să le înțeleagă cu adevărat cauza și impactul asupra lor. Prin conștientizarea emoțiilor negative, putem începe să le gestionăm în mod eficient.

Un exemplu în acest sens ar fi o persoană care simte o anxietate constantă fără a ști de ce se simte astfel. Prin identificarea și conștientizarea acestei emoții, persoana poate începe să exploreze cauzele anxietății și să găsească modalități de a o gestiona mai eficient.

- Practicarea mindfulness-ului și a meditației.

Mindfulness-ul și meditația sunt tehnici eficiente pentru reducerea stresului și gestionarea emoțiilor negative. Ele ne ajută să ne concentrăm asupra prezentului și să ne relaxăm mintea și corpul. Prin practicarea mindfulness-ului, putem deveni mai conștienți de propriile emoții și să le gestionăm în mod adecvat.

Un exemplu ar fi o persoană care practică meditația pentru a reduce stresul. Această persoană își face timp în fiecare zi pentru a medita și a-și focaliza atenția asupra respirației sau a altor stimuli sensoriali, ceea ce îi ajută să se relaxeze și să-și elibereze mintea de gândurile negative.

- Exercițiile fizice regulate.

Exercițiile fizice regulate au un impact pozitiv asupra stării noastre de sănătate mentală și emoțională. Ele ajută la eliberarea endorfinelor, hormonii fericirii, care ne fac să ne simțim mai bine și să reducem nivelul de stres. De asemenea, exercițiile fizice ne ajută să ne concentrăm asupra corpului nostru și să ne eliberăm de tensiunea acumulată.

Un exemplu ar fi o persoană care practică yoga sau alergare pentru a-și menține starea de bine mentală și emoțională. Această persoană își dedică un anumit timp în fiecare zi pentru a-și face exercițiile fizice preferate, ceea ce îi ajută să se simtă mai echilibrată și să-și gestioneze mai bine emoțiile negative.

- Comunicarea eficientă.

Comunicarea este cheia în gestionarea stresului și a emoțiilor negative. Este important să împărtășim cu cei dragi sau cu un terapeut ceea ce simțim și să ne exprimăm emoțiile în mod adecvat.

Comunicarea deschisă și sinceră ne ajută să obținem sprijinul de care avem nevoie și să găsim soluții pentru problemele noastre. Un exemplu ar fi o persoană care discută cu un prieten sau cu un terapeut despre stresul pe care-l resimte la locul de muncă. Prin comunicarea deschisă a emoțiilor sale, persoana poate primi sfaturi și sprijin din partea celorlalți și poate găsi modalități de a gestiona mai bine stresul în mediul de lucru

- Stabilirea unor limite și prioritizarea nevoilor personale.

Pentru a gestiona stresul și emoțiile negative, este important să stabilim limite sănătoase și să priorizăm nevoile noastre personale. Uneori, suntem copleșiți de multiple cerințe și așteptări din partea celor din jur, ceea ce ne poate duce la epuizare și stres. Prin stabilirea unor limite clare și punerea nevoilor noastre personale în prim-plan, putem reduce nivelul de stres și ne putem concentra pe ceea ce este cu adevărat important pentru noi.

Un exemplu ar fi o persoană care învață să spună "nu" atunci când se simte depășită de cerințele celorlalți. Această persoană își stabilește limite sănătoase și se concentrează pe prioritizarea nevoilor sale personale, ceea ce îi ajută să se simtă mai echilibrată și să gestioneze mai bine emoțiile negative.

- Găsirea unor activități de relaxare și recreere.

Activitățile de relaxare și recreere sunt esențiale în gestionarea stresului și a emoțiilor negative. Este important să ne facem timp pentru hobby-uri sau activități care ne aduc bucurie și relaxare. Aceste activități ne ajută să ne eliberăm de tensiunea acumulată și să ne încărcăm bateriile pentru a face față mai eficient situațiilor tensionate. Un exemplu ar fi o persoană care își petrece timpul liber pictând sau citind pentru a se relaxa. Aceste activități îi aduc bucurie și liniște, ceea ce îi ajută să se elibereze de stresul acumulat în timpul săptămânii și să-și regăsească echilibrul emoțional.

- Practicarea unui stil de viață sănătos.

Un stil de viață sănătos are un impact semnificativ asupra stării noastre de sănătate mentală și emoțională. Este important să ne preocupăm de alimentație echilibrată, somn suficient și evitarea substanțelor nocive, precum alcoolul sau tutunul. Un corp sănătos este la fel de important precum o minte sănătoasă, motiv pentru care trebuie să acordăm atenție tuturor aspectelor vieții noastre.

Un exemplu ar fi o persoană care are grijă de alimentația sa, practică exerciții fizice regulate și se asigură că doarme suficient în fiecare noapte. Această persoană își menține un stil de viață sănătos, ceea ce îi ajută să se simtă mai echilibrată și să facă față mai eficient situațiilor stresante.

Gestionarea stresului și a emoțiilor negative este esențială pentru menținerea echilibrului și a sănătății noastre mentale și emoționale. Prin identificarea și conștientizarea emoțiilor negative, practicarea mindfulness-ului și a meditației, exercițiile fizice regulate, comunicarea eficientă, stabilirea unor limite sănătoase, găsirea activităților de relaxare și recreere și practicarea unui stil de viață sănătos, putem reduce nivelul de stres și să ne gestionăm emoțiile negative în mod eficient.

Este important să acordăm atenție propriei noastre stări de bine și să ne acordăm timpul și atenția necesare pentru a ne îngriji de noi înșine în mod adecvat.

Stresul și emoțiile negative sunt aspecte conexe care pot avea un impact semnificativ asupra modului în care ne simțim și trăim viața noastră de zi cu zi. Acestea pot afecta fericirea noastră și pot influența în mod negativ starea noastră de bine, sănătatea noastră mintală și chiar relațiile noastre. Odată ce înțelegem cum stresul și emoțiile negative ne pot afecta fericirea, putem să începem să explorăm modalități eficiente de a gestiona și de a depăși aceste probleme. În acest context, este important să tratăm stresul și emoțiile negative ca pe niște aspecte normale ale vieții noastre și să învățăm să le gestionăm într-un mod sănătos și constructiv.

Una dintre cele mai evidente modalități în care stresul și emoțiile negative pot afecta fericirea noastră este prin impactul lor asupra stării noastre de spirit și asupra nivelului nostru de energie. Atunci când suntem stresați sau copleșiți de emoții negative, ne putem simți epuizați, iritați sau neputincioși. Aceste stări pot afecta capacitatea noastră de a ne bucura de lucrurile frumoase din viața noastră și pot diminua bucuria și satisfacția noastră generală.

De asemenea, stresul și emoțiile negative pot afecta și sănătatea noastră mintală. Cercetările arată că stresul cronic poate duce la depresie, anxietate și alte probleme de sănătate mintală. De asemenea, emoțiile negative intense, cum ar fi furia sau resentimentul, pot afecta negativ starea noastră emoțională și pot duce la diverse probleme psihologice.

În plus, stresul și emoțiile negative pot avea un impact semnificativ asupra relațiilor noastre cu cei din jur. Atunci când suntem stresați sau copleșiți de emoții negative, putem fi mai iritați, mai impulsivi sau mai reci față de cei din jur. Acest lucru poate duce la conflicte interpersonale și la deteriorarea relațiilor noastre cu cei dragi.

Un exemplu concret în acest sens ar putea fi acela al unei persoane care se simte copleșită de stresul la locul de muncă. Această persoană poate fi mai iritată și mai obosită când ajunge acasă, ceea ce poate afecta relațiile cu partenerul, copiii sau ceilalți membri ai familiei. În acest fel, stresul de la locul de muncă poate avea un impact negativ nu doar asupra stării de bine a acelei persoane, ci și asupra relațiilor sale interpersonale.

Pentru a gestiona eficient stresul și emoțiile negative și pentru a îmbunătăți fericirea noastră, este important să identificăm sursele acestor factori și să învățăm strategii eficiente de gestionare a acestora. În cele ce urmează, vom explora câteva modalități practice de a gestiona stresul și emoțiile negative și de a ne îmbunătăți nivelul de fericire și satisfacție în viața noastră.

Un prim pas important în gestionarea stresului și a emoțiilor negative este recunoașterea și acceptarea acestor aspecte ca fiind parte integrantă a vieții noastre. Este important să înțelegem că stresul și emoțiile negative fac parte din experiența umană și că este normal să avem momente în care ne simțim copleșiți de aceste aspecte. Prin acceptarea acestor emoții și stări, putem începe să le gestionăm într-un mod mai eficient și să ne dezvoltăm abilitățile de coping necesare pentru a depăși aceste probleme.

Un alt aspect important în gestionarea stresului și a emoțiilor negative este identificarea și gestionarea factorilor declanșatori. Este important să identificăm sursele de stres și emoții negative din viața noastră și să învățăm cum să le gestionăm în mod eficient.

Acest lucru poate implica stabilirea priorităților, delegarea sarcinilor, stabilirea limitelor personale sau găsirea de modalități sănătoase de relaxare și refacere a energiei. De exemplu, dacă identificăm că stresul la locul de muncă este un factor major care ne afectează fericirea, putem să explorăm modalități de a gestiona mai eficient sarcinile și cerințele de la serviciu. Putem să stabilim priorități clare, să delegăm anumite activități și să stabilim limite asupra timpului și energiei noastre la locul de muncă. De asemenea, putem să găsim modalități sănătoase de a ne relaxa și de a ne destinde după o zi stresantă la serviciu, cum ar fi exercițiile fizice, meditația sau hobby-urile care ne aduc bucurie.

În plus, este important să dezvoltăm abilitățile de gestionare a emoțiilor negative și a stresului. Putem să învățăm tehnici de respirație, meditație sau mindfulness care ne pot ajuta să ne relaxăm și să ne calmem în momentele de stres sau de emoții intense. De asemenea, putem să învățăm să ne exprimăm emoțiile într-un mod sănătos și constructiv, fie prin comunicare, terapie sau alte tehnici de exprimare a emoțiilor.

Un alt aspect important în gestionarea stresului și a emoțiilor negative este cultivarea unui mindset pozitiv și optimist. Este important să ne concentrăm pe lucrurile pozitive din viața noastră și să căutăm surse de bucurie și satisfacție în fiecare zi. Putem să ne concentrăm pe recunoștință, pe aprecierea lucrurilor mărunte și pe dezvoltarea unei perspective pozitive asupra vieții. Aprecierea momentelor frumoase, sănătoase sau împlinirile personale poate contribui semnificativ la creșterea nivelului nostru de fericire și la diminuarea impactului stresului și al emoțiilor negative.

De exemplu, putem să ținem un jurnal de recunoștință în care să notăm zilnic lucrurile pentru care suntem recunoscători sau să ne concentrăm pe obiective personale sau realizări pe care le-am avut în ultima perioadă. Acest lucru ne poate ajuta să ne concentrăm asupra aspectelor pozitive din viața noastră și să creștem nivelul nostru de fericire și satisfacție.

Stresul și emoțiile negative pot afecta semnificativ fericirea noastră și pot influența în mod negativ starea noastră de bine, sănătatea noastră mintală și relațiile noastre.

Prin identificarea și gestionarea eficientă a acestor aspecte, putem să ne îmbunătățim nivelul de fericire și satisfacție în viața noastră și să creștem reziliența noastră în fața provocărilor și dificultăților. Este important să tratăm stresul și emoțiile negative ca pe niște aspecte normale ale vieții noastre și să învățăm să le gestionăm într-un mod sănătos și construactiv pentru a ne menține echilibrul emoțional și a trăi o viață plină de fericire și armonie.

Va propun 10 strategii eficiente pentru gestionarea stresului și a emotiilor negative.

- Identificarea surselor de stres și de emotii negative.

Primul pas in gestionarea stresului si a emotiilor negative este sa identificam sursele acestora. Poate fi vorba despre o situatie de la locul de munca, o relatie tensionata sau chiar lipsa de odihna si de ingrijire personala. Cand stim exact ce ne provoaca stresul sau emotiile negative, putem sa gasim strategii adecvate pentru a le gestiona.

De exemplu, daca stresul este cauzat de un proiect dificil la locul de munca, putem sa ne organizam mai bine timpul si sa cerem ajutor colegilor sau superiorilor pentru a ne usura sarcina.

- Exprimarea emotiilor prin scriere sau prin vorbire.

O metoda eficienta de a gestiona emotiile negative este sa le exprimam prin scriere sau prin vorbire. Putem tine un jurnal in care sa notam gandurile si sentimentele noastre sau putem discuta deschis cu un prieten de incredere sau cu un terapeut despre ceea ce simtim. A vorbi despre emotiile noastre ne poate elibera de tensiune si ne poate ajuta sa vedem situatia intr-o lumina mai obiectiva. De exemplu, daca suntem suparati pe cineva din familie sau de la locul de munca, putem sa notam intr-un jurnal toate lucrurile care ne deranjeaza si sa ne exprimam astfel frustrarile si nemultumirile noastre.

- Practicarea tehnici de relaxare.
- O alta strategie eficienta pentru gestionarea stresului si a emotiilor negative este practicarea tehnicilor de relaxare, precum meditatia, respiratia profunda sau yoga. Aceste tehnici ne pot ajuta sa ne calmem mintea si corpul si sa ne eliberam de tensiune. Este important sa ne facem timp pentru aceste practici in fiecare zi, chiar si pentru cateva minute, pentru a ne mentine starea de bine.

De exemplu, putem sa ne asezam intr-un loc linistit, sa inchidem ochii si sa ne concentram pe respiratie pentru cateva minute pentru a ne relaxa si a ne elibera de stres.

- Stabilirea unor prioritati si gestionarea timpului.

Organizarea si prioritizarea sarcinilor zilnice ne pot ajuta sa reducem stresul si sa gestionam mai usor emotiile negative. Este important sa ne facem o lista cu lucrurile pe care trebuie sa le facem in ordinea importantei lor si sa ne gestionam timpul eficient. Astfel, ne vom simti mai organizati si mai in control si vom evita sentimentele de anxietate si suprasolicitare.

De exemplu, putem sa folosim tehnici de time management, precum tehnica Pomodoro sau matrix-ul lui Eisenhower, pentru a ne organiza mai bine timpul si a prioritiza task-urile zilnice.

- Mentinerea unui stil de viata sanatos.

Un stil de viata sanatos, care include alimentatia echilibrata, exercitiile fizice regulate si odihna suficienta, poate contribui semnificativ la gestionarea stresului si a emotiilor negative. Cand ne hranim corect, facem miscare si ne odihnim corespunzator, corpul si mintea noastra functioneaza mai bine.

De exemplu, putem sa includem in dieta noastra alimente bogate in nutrienti si sa facem cel putin 30 de minute de exercitii fizice in fiecare zi pentru a ne mentine sanatosi si echilibrati emotional.

- Gasirea de hobby-uri și pasiuni. Petrecerea timpului cu activitati care ne aduc bucurie si satisfactie poate fi o modalitate excelenta de a gestiona stresul si emotiile negative. Hobby-urile si pasiunile noastre ne pot ajuta sa ne relaxam, sa ne destindem si sa ne reconectam cu noi insine. Este important sa ne facem timp pentru aceste activitati placute in fiecare zi sau saptamana pentru a ne mentine starea de bine.

De exemplu, putem sa ne dedicam un timp zilnic sau saptamanal pentru a citi, a picta sau a gati, in functie de ceea ce ne face placere si ne relaxeaza.

- Limitarea expunerii la factorii de stres. Atunci cand suntem expusi la factori de stres constanti, este important sa identificam modalitati de a limita aceasta expunere pentru a ne proteja sanatatea mintala si emotionala. Putem sa ne impunem anumite limite sau sa ne retragem temporar din situatii tensionate pentru a ne recupera si a ne refocaliza.

De exemplu, daca petrecem prea mult timp in fata ecranului sau suntem mereu conectati la telefon, putem sa ne setam anumite ore in care sa evitam tehnologia pentru a ne relaxa si a ne reconecta cu realitatea.

- Invatarea tehnicilor de rezolvare a conflictelor si de comunicare eficienta.

Un alt aspect important in gestionarea stresului si a emotiilor negative este invatarea tehnicilor de rezolvare a conflictelor si de comunicare eficienta. Cand suntem capabili sa gestionam situatiile conflictuale si sa ne exprimam in mod clar si respectuos, putem evita escaladarea emotiilor negative si gasim solutii mai rapide si mai eficiente.

De exemplu, putem sa invatam tehnicile de ascultare activa, de exprimare a nevoilor si de negociere pentru a comunica eficient cu cei din jur si a evita conflictele.

- Angajarea in activitati sociale si sprijinirea de la cei dragi.

Mentinerea legaturii cu familia si prietenii, precum si implicarea in activitati sociale, poate fi benefica pentru gestionarea stresului si a emotiilor negative. Cand ne simtim conectati si sprijiniti de cei dragi, suntem mai rezistenti la situatiile dificile si reusim sa trecem mai usor peste momentele tensionate.

De exemplu, putem sa petrecem timp cu persoanele dragi, sa ne implicam in activitati sociale sau sa cerem sprijinul lor atunci cand ne simtim coplesiti de emotii negative.

- Cererea de ajutor profesionist.

In cazul in care stresul si emotiile negative persista si afecteaza in mod serios calitatea vietii noastre, este important sa cerem ajutor profesionist, precum terapia psihologica sau consilierea emotionala. Un specialist ne poate ajuta sa identificam cauzele problemei noastre, sa gasim strategii eficiente de gestionare a stresului si sa ne imbunatatim capacitatea de a face fata situatiilor dificile. De exemplu, un psiholog ne poate oferi suport emotional si psihologic si ne poate ghida in procesul de autocunoastere si de gestionare a emotiilor negative.

"Nu putem controla ceea ce ni se întâmplă în viață, ci putem controla modul în care reacționăm la acele evenimente. Gestionarea stresului și a emoțiilor negative este cheia către o viață echilibrată și fericită."

Capitolul 7

Construirea relațiilor pozitive.

- *Importanța relațiilor pozitive pentru nivelul nostru de fericire.*
- *Cum să construim și să menținem relații sănătoase și fericite.*

Relațiile pozitive reprezintă o componentă crucială a unei vieți sănătoase și fericite. Acestea includ relațiile cu familia, prietenii, colegii de muncă și chiar cu persoanele pe care le întâlnim în viața de zi cu zi. Construirea și menținerea unor relații pozitive poate aduce numeroase beneficii, cum ar fi o mai bună sănătate mentală și emoțională, creșterea stimei de sine, sprijinul și înțelegerea din partea celor din jur, îmbunătățirea productivității și prosperitatea în viață.

Există mai multe modalități de a construi și menține relații pozitive, iar în continuare voi explora câteva strategii eficiente pentru acest lucru.

- Comunicarea eficientă.

Comunicarea este cheia pentru a construi relații sănătoase și pozitive. Ascultarea activă și empatia sunt aspecte importante ale unei comunicări eficiente.

Este esențial să ascultăm cu atenție și să acordăm atenție celorlalți, să le arătăm că ne pasă de sentimentele și perspectivele lor. De asemenea, este important să comunicăm clar și deschis propriile noastre sentimente și nevoi, pentru a evita orice neînțelegere sau conflict.

De exemplu, într-o relație de cuplu, un partener ar putea simți că celălalt nu îi acordă destulă atenție. Prin comunicarea deschisă și onestă, cei doi pot identifica problemele existente și găsi soluții pentru a-și îmbunătăți relația.

- Încrederea și respectul reciproc.

Încrederea și respectul sunt fundamentale pentru orice relație sănătoasă. Este important să ne arătăm recunoștința și respectul față de cei din jurul nostru, să fim sinceri și să ne ținem promisiunile. Încrederea se construiește în timp, prin comportament consecvent și onestitate.

De exemplu, într-o relație de prietenie, încrederea reciprocă este crucială. Dacă un prieten dezvăluie un secret sau o informație sensibilă, este important ca celălalt să își păstreze încrederea și să nu divulge aceste informații altora.

- Empatia și înțelegerea.

Empatia este capacitatea de a simți și înțelege emoțiile și trăirile celorlalți. Arătând empatie și înțelegere față de ceilalți, putem consolida legăturile și construi relații mai apropiate și mai autentice. Este important să nu judecăm sau să criticăm pe ceilalți, ci să încercăm să ne punem în locul lor și să le oferim suportul și sprijinul necesar.

De exemplu, într-o relație părinte-copil, empatia este esențială pentru a menține un climat de înțelegere și comunicare deschisă. Părinții ar trebui să fie sensibili la nevoile și emoțiile copiilor lor și să încerce să le ofere sprijinul și îndrumarea necesară.

- Lucrul în echipă și colaborarea.

În numeroase relații, cum ar fi cele de la locul de muncă sau cele de afaceri, colaborarea și lucrul în echipă sunt cheia succesului. Este important să fim deschiși la ideile și perspectivele celorlalți, să fim flexibili și să ne implicăm în mod activ în eforturile comune.

De exemplu, într-o echipă de proiect la locul de muncă, membrii ar trebui să fie capabili să lucreze în armonie, să își împartă sarcinile și responsabilitățile și să își ofere sprijin reciproc pentru a atinge obiectivele comune.

- Rezolvarea conflictelor în mod constructiv.

Conflictul este inevitabil în orice relație. Este important să abordăm conflictul în mod constructiv, evitând critica sau atacurile personale și căutând soluții care să satisfacă ambelor părți implicate. Ascultarea cu atenție, comunicarea deschisă și rezolvarea problemelor în mod responsabil sunt aspecte esențiale ale gestionării conflictelor în mod eficient.

De exemplu, într-o relație de familie, părinții ar putea să aibă diferite perspective privind educația copiilor lor. Prin discuții oneste și deschise, părinții pot găsi modalități de a-și reconcilia diferențele și de a găsi soluții care să le respecte pe ambele părți.

- Recunoașterea și aprecierea celorlalți.

Recunoașterea și aprecierea sunt aspecte esențiale ale construirii relațiilor pozitive. Este important să ne arătăm recunoștința față de cei din jurul nostru, să îi apreciem și să le acordăm atenția și respectul pe care aceștia le merită. O simplă mulțumire sau un gest de apreciere pot face minuni în consolidarea relațiilor și în întărirea legăturilor afective.

De exemplu, un coleg de muncă care a oferit ajutor și suport într-un moment dificil ar trebui să fie apreciat și recunoscut pentru eforturile sale. O simplă recunoaștere a contribuției sale poate întări legăturile dintre colegi și consolida relațiile de echipă.

- Menținerea unui echilibru sănătos.

Este important să menținem un echilibru sănătos în relațiile noastre, acordând atenție atât nevoilor noastre personale, cât și celor ale celorlalți. Este important să avem grijă de noi înșine și să ne respectăm propriile limite, pentru a putea oferi sprijin și susținere celor din jurul nostru.

De exemplu, într-o relație de prietenie, este important să ne asigurăm că ne menținem propria individualitate și să nu ne pierdem identitatea în relație. Este esențial să găsim un echilibru între îndeplinirea nevoilor personale și acordarea sprijinului și atenției celorlalți.

Construirea relațiilor pozitive este un proces continuu care implică comunicare eficientă, încredere reciprocă, empatie, colaborare, rezolvarea conflictelor în mod constructiv, recunoașterea și aprecierea reciproce și menținerea unui echilibru sănătos.

Prin aplicarea acestor strategii și abordări în relațiile noastre, putem construi legături puternice, autentice și satisfăcătoare, care să ne aducă fericire și împlinire în viață.

Relațiile pozitive joacă un rol crucial în nivelul nostru de fericire și bunăstare. Acestea ne oferă susținere, afecțiune, înțelegere și conexiune emoțională, elemente esențiale pentru starea noastră de bine și satisfacție în viață. De-a lungul istoriei umane, relațiile au fost un aspect fundamental al existenței noastre și au contribuit semnificativ la evoluția și dezvoltarea noastră ca specie.

Relațiile pozitive pot fi de mai multe tipuri: relațiile cu partenerii romantici, familia extinsă, prietenii, colegii de muncă sau alți membri ai comunității. Fiecare dintre aceste tipuri de relații aduce cu sine diferite beneficii și contribuie în mod unic la starea noastră de fericire și sănătate emoțională. Cercetările din domeniul psihologiei și sociologiei au demonstrat în mod repetat că oamenii care au relații pozitive și trainice sunt mai fericiți, mai sănătoși și mai împliniți decât cei care se simt izolați și singuri.

Unul dintre cele mai importante aspecte ale relațiilor pozitive este susținerea emoțională pe care o oferă. Atunci când trecem printr-o perioadă dificilă sau suntem în fața unei provocări majore, sprijinul moral și emoțional al celor din jurul nostru poate face diferența între a ne simți copleșiți și a găsi puterea de a merge mai departe. Oamenii care au persoane de încredere alături de ei se simt mai în siguranță, mai puternici și mai capabili să facă față provocărilor vieții. Totodată, relațiile pozitive contribuie la consolidarea stimei de sine și a încrederii în sine. Când suntem iubiți, apreciați și acceptați așa cum suntem de către cei din jurul nostru, ne simțim mai încrezători în abilitățile noastre și mai determinați să ne atingem obiectivele. O relație sănătoasă ne oferă un cadru sigur în care să ne dezvoltăm, să ne exprimăm emoțiile și să ne explorăm potențialul.

Un alt beneficiu al relațiilor pozitive este conexiunea emoțională pe care o simțim cu ceilalți. Acest sentiment de apropiere și legătură cu o altă persoană ne oferă o senzație de apartenență și împlinire pe care nu o putem experimenta în solitudine.

Când ne simțim conectați emoțional cu cei dragi nouă, suntem mai fericiți, mai echilibrați și mai împliniți ca ființe umane. Relațiile pozitive au și un impact semnificativ asupra sănătății noastre fizice și emoționale. Studiile arată că oamenii care au relații sănătoase și satisfăcătoare au un nivel mai scăzut de stres, anxietate și depresie, precum și o imunitate mai bună și o viață mai lungă. Comunicarea deschisă, înțelegerea reciprocă și sprijinul emoțional din partea celor dragi sunt factori cruciali în menținerea unei stări bune de sănătate și bunăstare.

Pe lângă beneficiile individuale, relațiile pozitive au și un impact pozitiv asupra societății în ansamblu. O lume în care oamenii se înțeleg, se susțin reciproc și se iubesc este o lume mai echilibrată, mai armonioasă și mai prosperă. Relațiile sănătoase între indivizi, familii, comunități și națiuni sunt fundamentul unei societăți bazate pe valori precum empatia, generozitatea și respectul reciproc.

Cu toate acestea, construirea și menținerea relațiilor pozitive nu este întotdeauna ușoară. Este nevoie de efort, comunicare și compromis din partea ambelor părți pentru a crea legături autentice și durabile.

Este important să ne dam seama că relațiile nu sunt mereu perfecte și că există momente de conflict și tensiune. Cu toate acestea, este esențial să ne străduim să rezolvăm neînțelegerile și să lucrăm împreună pentru a menține relațiile sănătoase și trainice. Relațiile pozitive sunt esențiale pentru nivelul nostru de fericire și bunăstare. Ele ne oferă susținere emoțională, conexiune interpersonală și o bază solidă pentru dezvoltarea personală și relațională. Prin investirea de timp, energie și atenție în relațiile noastre, putem construi o rețea puternică de conexiuni umane care să ne întărească și să ne îmbogățească viața în mod semnificativ.

Crearea și menținerea relațiilor sănătoase și fericite este esențială pentru bunăstarea noastră emoțională și mentală.

În cele ce urmează, vom explora zece tehnici cheie pe care le putem folosi pentru a îmbunătăți și a menține relațiile noastre:

- Comunicarea deschisă și empatică. Comunicarea este una dintre cele mai importante aspecte ale unei relații sănătoase.

Este important să fim empatici și să încercăm să înțelegem punctul de vedere al celuilalt, chiar dacă nu suntem de acord cu acesta. Comunicarea eficientă poate rezolva multe probleme și poate consolida legătura dintre parteneri.

De exemplu, în loc să presupunem că știm ce gândește sau simte partenerul nostru, ar trebui să îl întrebăm direct și să îl ascultăm cu atenție pentru a înțelege ceea ce simte cu adevărat.

- Respectul reciproc.

Respectul este o componentă esențială a unei relații sănătoase. Este important să ne tratăm partenerul cu respect și să valorizăm opiniile, nevoile și sentimentele acestora. Respectul reciproc ne ajută să ne simțim apreciați și iubiți într-o relație și să construim o bază solidă pentru o legătură sănătoasă.

De exemplu, putem arăta respect față de partenerul nostru ascultând cu atenție ce au de spus și luând în considerare nevoile și dorințele acestora în luarea deciziilor.

- Încrederea și sinceritatea.

Încrederea este un alt element cheie al unei relații sănătoase. Este important să ne bazăm unul pe celălalt și să avem încredere că partenerul nostru va fi sincer și credincios.

Sinceritatea este, de asemenea, crucială într-o relație, deoarece ne ajută să ne construim o bază solidă de comunicare și de înțelegere reciprocă.

De exemplu, dacă avem o problemă sau o temere legată de relație, ar trebui să ne deschidem și să împărtășim aceste emoții cu partenerul nostru în loc să le ascundem sau să le evităm.

- Empatie și înțelegere.

Empatia este capacitatea de a înțelege și de a simți emoțiile și perspectivele celuilalt. Într-o relație sănătoasă, este important să fim empatici și să ne punem în locul partenerului pentru a înțelege mai bine sentimentele și gândurile acestuia. Empatia ne ajută să ne conectăm la un nivel mai profund și să ne sprijinim reciproc în momente dificile.

De exemplu, putem fi empatici atunci când partenerul nostru are o zi proastă și să încercăm să îi oferim suport și înțelegere în loc să ignorăm sau să minimalizăm problemele acestuia.

- Rezolvarea conflictelor în mod constructiv.

Conflictul este inevitabil în orice relație, dar modul în care gestionăm aceste conflicte poate face diferența între o relație sănătoasă și una deteriorată.

Este important să abordăm conflictele cu calm și rezolvare și să nu lăsăm tensiunile să escaladeze. Putem folosi tehnici de rezolvare a conflictelor, cum ar fi ascultarea activă, găsirea unor soluții de compromis și abordarea problemelor într-un mod respectuos și deschis.

De exemplu, în loc să evităm sau să ignorăm conflictele, putem aborda problemele deschis și să căutăm soluții împreună cu partenerul nostru pentru a rezolva problemele și pentru a menține o comunicare sănătoasă.

- Timpul de calitate împreună.

Petrecerea timpului de calitate împreună este esențială pentru a menține o relație sănătoasă și fericită. Este important să facem eforturi pentru a ne conecta și a ne bucura unul de compania celuilalt, să petrecem timp de calitate împreună făcând activități pe placul amândurora și simțindu-ne conectați și apropiați.

De exemplu, putem planifica seri romantice sau weekenduri speciale împreună, în care să ne concentrăm exclusiv pe relația noastră și să ne reconectăm unul cu celălalt.

- Sprijin reciproc.

Sprijinul reciproc este esențial într-o relație sănătoasă. Este important să fim acolo unul

pentru celălalt în momentele bune și rele, să
ne sprijinim și să ne susținem în realizarea
obiectivelor și visurilor noastre. Un partener
care oferă sprijin emoțional și mental poate
face o mare diferență în felul în care ne
simțim în relație și în viața de zi cu zi.
De exemplu, putem fi acolo pentru partenerul
nostru atunci când acesta are o zi dificilă sau
o provocare în viață și să îl încurajăm și să îl
susținem să meargă mai departe.

- Autocunoașterea și dezvoltarea personală.
Este important să ne cunoaștem pe noi înșine
și să lucrăm la dezvoltarea personală pentru a
ne asigura că putem aduce cel mai bun de noi
în relația noastră. Este important să lucrăm la
autoîmbunătățire, să ne confruntăm cu
propriile noastre probleme și să fim
conștienți de nevoile și dorințele noastre.
De exemplu, putem participa la terapie sau
consiliere pentru a ne ajuta să ne cunoaștem
mai bine și să gestionăm mai bine emoțiile,
sau putem încerca activități de dezvoltare
personală care să ne ajute să creștem și să ne
dezvoltăm în continuare într-un mod pozitiv.

- Respectarea spațiului și a limitelor
  celuilalt.
Este important să respectăm spațiul și
limitele partenerului nostru într-o relație.

Este important să avem grijă să nu invadăm spațiul personal al celuilalt și să recunoaștem și să respectăm nevoile și dorințele acestuia. Respectarea spațiului personal al partenerului ne ajută să construim o relație echilibrată și armonioasă în care amândoi ne simțim confortabil și respectați.

De exemplu, dacă partenerul nostru are nevoie de timp singur pentru a se relaxa sau pentru a se gândi, ar trebui să îi oferim spațiul și liniștea de care are nevoie în loc să insistăm să petrecem timp împreună.

- Recunoașterea și aprecierea reciprocă. Recunoașterea și aprecierea reciprocă sunt aspecte importante ale unei relații sănătoase și fericite. Este important să recunoaștem eforturile și contribuțiile partenerului nostru la relație și să ne exprimăm aprecierea pentru ceea ce fac pentru noi. Recunoașterea și aprecierea pot consolida legătura dintre parteneri și pot contribui la creșterea încrederii și a armoniei în relație.

De exemplu, putem să ne exprimăm recunoștința pentru lucrurile mărunte pe care partenerul nostru le face pentru noi, cum ar fi gătitul unei cine delicioase sau ascultarea cu atenție a problemele noastre.

Construirea și menținerea relațiilor sănătoase și fericite necesită efort și implicare din partea ambilor parteneri. Prin folosirea acestor zece tehnici cheie, putem consolida legătura cu partenerul nostru și ne putem bucura de o relație împlinită și echilibrată.

Capitolul 8

Descoperirea și cultivarea pasiunilor.

- *Cum pasiunile noastre ne pot aduce fericire și satisfacție.*
- *Cum să descoperim și să cultivăm pasiunile care ne aduc bucurie și împlinire*

Pasiunile sunt acele activități sau interese care ne aduc bucurie, împlinire și satisfacție. Ele ne permit să ne exprimăm creativitatea, să ne descoperim noi aptitudini și să ne dezvoltăm abilități. Cultivarea pasiunilor este un aspect crucial al unui trai împlinit și fericit, deoarece ne ajută să ne concentrăm energiile și resursele către activități care ne aduc satisfacție personală.

Descoperirea pasiunilor poate fi un proces personal și individual, care implică explorarea diferitelor activități și interese și descoperirea a ceea ce ne aduce bucurie și împlinire. Uneori, pasiunile noastre pot fi evidente încă din copilărie, în timp ce alteori ele pot fi descoperite mai târziu în viață. Indiferent de momentul în care le descoperim, este important să ne acordăm timpul și spațiul necesare pentru a ne explora pasiunile și a le cultiva.

Cultivarea pasiunilor necesită dedicare, disciplină și răbdare. Este important să ne dedicăm timpul și eforturile în mod constant către activitățile care ne aduc bucurie și satisfacție, pentru a ne dezvolta abilitățile și talentele în acele domenii. De asemenea, este important să ne implicăm în comunități sau grupuri de oameni care au aceleași interese și pasiuni, pentru a ne încuraja și motiva reciproc în procesul de dezvoltare.

Există numeroase beneficii ale cultivării pasiunilor.

În primul rând, pasiunile ne aduc bucurie și împlinire personală, contribuind la creșterea stimei de sine și a stării de bine. Ele ne ajută să ne exprimăm creativitatea și să ne descoperim noi aptitudini și talente, ceea ce poate avea un impact pozitiv asupra dezvoltării personale și profesionale.

Pasiunile ne oferă un sentiment de scop și direcție în viață, ajutându-ne să ne concentrăm energiile și resursele către activitățile care ne aduc cel mai mare grad de satisfacție.Pentru a cultiva pasiunile, este important să ne acordăm timpul și atenția necesare pentru a ne dedica activităților care ne aduc bucurie și împlinire.

Este important să ne identificăm pasiunile noastre și să ne dedicăm timpul și energiile în mod regulat către acele activități. De asemenea, este important să ne implicăm în comunități sau grupuri de oameni care au aceleași interese și pasiuni, pentru a ne încuraja și motiva reciproc în procesul de dezvoltare.

Descoperirea și cultivarea pasiunilor sunt aspecte fundamentale ale unui trai împlinit și fericit. Pasiunile ne aduc bucurie, împlinire și satisfacție personală, contribuind la creșterea stimei de sine și a stării de bine.

 Este important să ne dedicăm timpul și eforturile către activitățile care ne aduc cel mai mare grad de satisfacție și să ne implicăm în comunități sau grupuri de oameni care au aceleași interese și pasiuni, pentru a ne încuraja și motiva reciproc în procesul de dezvoltare.

Fiecare persoană are pasiuni, hobby-uri sau interese care îi aduc bucurie, satisfacție și împlinire în viață. Aceste pasiuni pot varia de la activități creative, artistice sau sportive, până la practici spirituale sau de voluntariat. Indiferent de natura lor, pasiunile ne pot influența în mod pozitiv și ne pot aduce o mulțime de beneficii în viața de zi cu zi.

Vom explora modul în care pasiunile noastre ne pot aduce fericire și satisfacție, vom oferi exemple concrete și vom discuta despre cum să-ți găsești propria pasiune.

Beneficiile pasiunilor:

Pasiunile noastre pot avea un impact major asupra sănătății și fericirii noastre. Atunci când facem ceea ce ne place și ne aduce bucurie, nivelul de stres scade, iar starea de bine și fericirea cresc. Pasiunile ne pot oferi o sursă de energie și motivație, ne pot stimula creativitatea și ne pot aduce o satisfacție profundă atunci când realizăm lucruri valoroase în domeniile care ne pasionează.

Mai mult decât atât, pasiunile pot fi o modalitate excelentă de a ne conecta cu alți oameni care au aceleași interese și valori. Participând la cluburi, grupuri de discuții sau evenimente legate de pasiunile noastre, putem întâlni oameni noi și facem legături puternice. Acest lucru ne poate aduce o sentiment puternic de apartenență și ne poate oferi sprijinul și încurajarea de care avem nevoie pentru a ne dezvolta personal și profesional.

De asemenea, pasiunile noastre pot fi un mod excelent de a ne pune în valoare talentele și abilitățile noastre și de a ne simți împliniți și realizatori.

Atunci când investim timp și energie în ceea ce ne pasionează, putem deveni mai buni în ceea ce facem și putem să dezvoltăm noi competențe și aptitudini care ne pot aduce beneficii pe termen lung

Exemple de pasiuni și beneficiile lor:

Pentru a ilustra modul în care pasiunile noastre ne pot aduce fericire și satisfacție, vom prezenta câteva exemple concrete de pasiuni și beneficiile lor:

- Pictura.

Pictura poate fi o pasiune minunată pentru cei care își doresc să-și exprime creativitatea și să creeze opere de artă unice. Acest hobby poate aduce o mare fericire în viața unui artist, oferindu-i o modalitate de a se relaxa, de a se exprima și de a se conecta cu alții care apreciază arta. De asemenea, pictura poate fi o sursă de auto-motivație și de realizare personală, deoarece artiștii pot vedea progresele lor și îmbunătățirile în timp.

- Fotografia.

Fotografia este o altă pasiune populară care poate aduce multă bucurie și satisfacție. Prin capturarea unor imagini frumoase și memorabile, fotografii pot păstra amintiri speciale și pot împărtăși experiențele lor cu alții.

Fotografia poate fi o sursă de inspirație și creativitate și poate oferi o modalitate excelentă de a explora lumea înconjurătoare și de a surprins frumusețea ei.

- Muzica.

Pentru mulți oameni, muzica este o adevărată pasiune care aduce o mare fericire și satisfacție. Cântatul, compusul sau ascultatul muzicii poate fi o modalitate minunată de a-ți exprima emoțiile și sentimentele, de a te relaxa și de a-ți îmbunătăți starea de spirit. Muzica poate fi o sursă de motivație și inspirație și poate oferi un sentiment profund de conexiune cu alți oameni prin intermediul sunetelor și versurilor.

- Gradinaritul.

Gradinaritul este o pasiune populară pentru mulți oameni care își doresc să se conecteze cu natura și să creeze spații verzi frumoase și relaxante. Prin cultivarea plantelor, îngrijirea grădinii și crearea unui mediu verde și plăcut, grădinarii pot obține o mulțime de beneficii, precum relaxarea, reducerea stresului, motivarea și satisfacția de a vedea plantele crescând și înflorind.

Cum să-ți găsești propria pasiune:

Dacă nu știi încă care sunt pasiunile tale și nu știi cum să îți găsești propria pasiune, iată câteva sugestii care te pot ajuta să descoperi ceea ce te face fericit și împlinit:

- Explorează diverse activități.

Încearcă lucruri noi și explorează diverse activități pentru a descoperi ce te pasionează cu adevărat. Participă la cursuri, workshop-uri, evenimente sau cluburi în domeniile care te atrag și vezi ce te atrage în mod special.

- Ascultă-ți intuiția.

Ascultă-ți intuiția și urmează-ți interesul și curiozitatea în ceea ce privește anumite domenii sau activități. Dacă simți că ceva te atrage și te face să te simți bine, urmează acea pasiune și vezi cum te poate îmbogăți.

- Întreabă-te ce te inspirează.

Reflectă asupra lucrurilor care te inspiră și te motivează și încearcă să identifici acele activități sau hobby-uri care îți aduc o mare bucurie și satisfacție. Întreabă-te ce te face să te simți într-un mod special și urmează acele sentimente pozitive.

- Impărtășește-ți pasiunea cu alții.

Dacă ai descoperit deja ceea ce te pasionează, împărtășește-ți acea pasiune cu alții și conectează-te cu oameni care au aceleași interese și valori.

Participă la evenimente, cluburi sau grupuri de discuții în domeniul tău de pasiune și vezi cum te poți implica mai activ și cum poți învăța și evolua într-o comunitate de oameni pasionați.

Pasiunile noastre pot fi o sursă inepuizabilă de fericire, satisfacție și împlinire în viață. Indiferent de natura lor, pasiunile ne pot influența în mod pozitiv și ne pot aduce o mulțime de beneficii, precum relaxarea, reducerea stresului, motivarea, inspirația, creativitatea și conexiunea cu alți oameni. Fie că este vorba de pictură, fotografie, muzică, gradinarit sau alte activități, pasiunile noastre pot aduce o mare fericire și satisfacție și ne pot ajuta să ne dezvoltăm personal și profesional în mod constant.

Prin urmare, este important să ne acordăm timpul să ne descoperim pasiunile și să ne implicăm în activități care ne aduc bucurie și satisfacție în viața de zi cu zi.

Indiferent de ocupatiile noastre zilnice sau de responsabilitățile pe care le avem, este important să nu uităm să ne dedicăm timp pentru a explora și a cultiva pasiunile care ne definesc și care ne aduc un plus de fericire și împlinire în viață.

Pasiunile sunt acele activități sau interese care ne aduc bucurie și împlinire și ne definesc ca indivizi. Descoperirea și cultivarea acestora este esențială pentru o viață plină de sens și satisfacție. Cu toate acestea, mulți oameni se simt pierduți sau confuzi atunci când vine vorba de identificarea și dezvoltarea pasiunilor lor. În acest articol, vom explora câteva modalități practice de a descoperi și cultiva pasiunile care ne aduc bucurie și împlinire.

Descoperirea pasiunilor

Primul pas în descoperirea și cultivarea pasiunilor este să înțelegem ce anume ne aduce bucurie și satisfacție. Pentru unii oameni, pasiunea poate fi legată de o anumită activitate, cum ar fi pictura, scrisul sau gătitul, în timp ce pentru alții pasiunea poate fi legată de un anumit domeniu, cum ar fi tehnologia, știința sau marketingul.

Pentru a descoperi pasiunile noastre, este important să ne observăm și să ne ascultăm în mod sincer și deschis.

Întrebările pe care ne le putem pune pot fi:

 -Ce activități mă fac să mă simt în viață și inspirat?

 - În ce domenii mă descurc foarte bine și îmi place să învăț mereu?

– Ce anume mă face fericit și îmi aduce o stare de bine?

De asemenea, putem să încercăm activități diferite și să explorăm diverse domenii pentru a vedea ce ne interesează și ne pasionează cu adevărat. Participarea la cursuri, workshop-uri sau evenimente cu tematici variate ne poate ajuta să ne descoperim mai bine și să ne conectăm cu pasiunile noastre.

Un alt mod în care putem descoperi pasiunile noastre este de a reflecta asupra momentelor sau activităților care ne-au adus bucurie și împlinire în trecut. Aceste experiențe ne pot oferi indicii prețioase despre ceea ce ne face cu adevărat fericit și satisfăcut și ne pot ghida în identificarea pasiunilor noastre.

De exemplu, dacă ne amintim cu plăcere de momentele în care am fost implicați într-un proiect creativ sau în care am petrecut timp în mijlocul naturii, acestea ar putea fi semne că aceste activități ne fac fericit și ne pot ajuta să identificăm pasiunile noastre.

Cultivarea pasiunilor

După ce am identificat pasiunile noastre, este important să le cultivăm și să le dezvoltăm în mod constant pentru a ne bucura de ele și a ne simți împliniți și fericiți.

Cultivarea pasiunilor necesită timp, efort și dedicare, dar investiția în aceste activități este cu siguranță una care merită pe termen lung.

Unul dintre modurile de a cultiva pasiunile este de a practica în mod regulat activitățile sau interesele care ne aduc bucurie și împlinire. Fie că este vorba de jocul unui instrument muzical, scrierea unui jurnal sau gătitul unei rețete noi, este important să ne dedicăm timpul și atenția acestor activități pentru a le dezvolta și perfecționa.

De asemenea, putem să ne implicăm în comunități sau grupuri care împărtășesc aceleași pasiuni și interese ca și noi. Participarea la evenimente, întâlniri sau workshop-uri cu oameni care împărtășesc aceleași pasiuni ne poate oferi o sursă de inspirație și motivație și ne poate ajuta să ne dezvoltăm abilitățile și cunoștințele în domeniul respectiv.

Un alt mod în care putem cultiva pasiunile este de a fi deschiși la explorarea unor domenii noi și diverse care ne pot stimula creativitatea și imaginația. Participarea la cursuri sau activități care ne expun la noi experiențe și perspective poate fi o modalitate excelentă de a ne extinde orizonturile și de a ne conecta cu pasiunile noastre.

Sfaturi practice pentru descoperirea și cultivarea pasiunilor

Iată câteva sfaturi practice care te pot ajuta să descoperi și să cultivi pasiunile care îți aduc bucurie și împlinire:

- Experimentează activități noi și diverse pentru a-ți descoperi interesele și pasiunile.

Fii deschis la noi experiențe și aventuri și explorează domenii diferite pentru a vedea ce te inspiră și te atrage cu adevărat.

- Întreabă-te.

Care sunt valorile și interesele mele profunde și cum pot să le integrez în activitățile mele de zi cu zi? Găsește modalități de a-ți conecta pasiunile cu valorile tale fundamentale și cu ceea ce îți aduce fericire și împlinire.

- Observă-ți reacțiile și emoțiile atunci când practici anumite activități sau interese și notează-ți ce te face să te simți fericit și satisfăcut.

Aceste indicii îți pot oferi informații prețioase despre pasiunile tale și despre ceea ce te motivează și te inspiră.

- Implică-te în comunități sau grupuri care împărtășesc aceleași pasiuni ca și tine.

Participarea la evenimente și întâlniri cu oameni care își urmează aceleași interese te poate inspira și motiva să-ți dezvolți și să-ți exprimi pasiunile.

- Fii deschis la explorarea și experimentarea unor domenii noi și interesante care îți pot stimula creativitatea și imaginația.

Caută oportunități pentru a încerca lucruri noi și pentru a-ți extinde orizonturile și a-ți conecta cu pasiunile tale.

Exemple de pasiuni și moduri de a le cultiva

Pentru a ilustra aceste principii și sfaturi practice, iată câteva exemple de pasiuni comune și modalități de a le cultiva în mod eficient:

1. **Pasiunea pentru scris**

Dacă îți place să scrii și te simți fericit și inspirat atunci când pui cuvintele pe hârtie, poți să-ți cultivi pasiunea pentru scris urmând aceste sfaturi practice:

- Începe să ții un jurnal personal în care să îți exprimi gândurile, emoțiile și ideile în mod liber și creativ

- Participă la workshop-uri sau cursuri de scriere creativă pentru a-ți dezvolta abilitățile și pentru a-ți conecta cu alți oameni pasionați de scris.
- Implică-te în comunități online sau offline de scriitori în care să îți împărtășești creațiile și să primești feedback și sfaturi constructive.

2. Pasiunea pentru gătit

Dacă îți place să gătești și să experimentezi rețete noi și interesante, poți să-ți cultivi pasiunea pentru gătit urmând aceste sfaturi practice:

- Începe să îți creezi un blog culinar sau să împărtășești rețetele tale preferate cu prietenii și familia.
- Participă la cursuri sau workshop-uri de gătit pentru a învăța tehnici noi și pentru a-ți extinde repertoriul culinar.
- Explorează bucătării și gastronomii din culturi diferite pentru a-ți inspira creațiile și pentru a-ți dezvolta abilitățile în arta gătitului.

3. Pasiunea pentru fotografie.

Dacă îți place să fotografiezi și să surprinzi momente și peisaje interesante, poți să-ți cultivi pasiunea pentru fotografie urmând aceste sfaturi practice:

- Participă la workshop-uri sau cursuri de fotografie pentru a învăța tehnici și trucuri de fotografiere și pentru a-ți dezvolta abilitățile artistice.
- Începe să explorezi locuri și subiecte diverse pentru a-ți extinde portofoliul fotografic și pentru a-ți exprima creativitatea și viziunea personală.
- Implică-te în proiecte fotografice sau expoziții pentru a-ți împărtăși munca cu publicul și pentru a-ți primi feedbackul și aprecierea.

Pasiunile reprezintă o parte importantă a identității noastre și ne pot aduce bucurie și împlinire în viață. Descoperirea și cultivarea acestora necesită timp, efort și dedicare, dar beneficiile pe termen lung sunt de neprețuit. Prin observare, introspecție și explorare, putem să ne conectăm cu pasiunile noastre și să le cultivăm în mod constant pentru a ne simți fericit și împliniți.

"Pasiunile sunt ca flacara care arde in interiorul nostru; descoperirea si cultivarea lor ne conduc catre implinirea deplina a sinelui nostru."
Friedrich Nietzsche

Capitolul 9

Întreținerea unui stil de viață sănătos.

- *Cum alimentația sănătoasă, exercițiile fizice și odihna pot influența nivelul nostru de fericire.*
- *Recomandări pentru un stil de viață sănătos care să ne ajute să fim fericiți fără motive.*

Trăim intr-o lume aglomerata si plina de provocari care ne pot afecta sanatatea si bunastarea in mod negativ. Este important sa ne pastram un stil de viata sanatos pentru a ne proteja impotriva bolilor, a stresului si a altor riscuri pentru sanatate. In acest articol, vom explora diferite aspecte ale unui stil de viata sanatos si cum putem sa-l mentinem pentru a ne bucura de o viata mai fericita si mai echilibrata.

Este important sa intelegem ca un stil de viata sanatos nu se rezuma doar la dieta si exercitii fizice regulate. Un stil de viata sanatos implica o abordare cuprinzatoare a factorilor care influenteaza sanatatea noastra, inclusiv starea noastra emotionala, mentalitatea noastra, mediul in care traim si relatiile noastre cu ceilalti oameni. Un stil de viata sanatos inseamna sa adoptam obiceiuri si comportamente care ne sustin in eforturile noastre de a ne mentine sanatatea si binele fizic, emotional și mental.

Un aspect cheie al unui stil de viata sanatos este alimentatia echilibrata si nutritiva. O dieta sanatoasa ar trebui sa includa o varietate de alimente bogate in nutrienti, cum ar fi fructe, legume, cereale integrale, proteine slabe si grasimi sanatoase. Este important sa ne asiguram ca ne hranim organismul cu nutrientii de care are nevoie pentru a functiona corect si a-si mentine sanatatea. De asemenea, trebuie sa limitam consumul de alimente nesanatoase, precum zaharul rafinat, grasimile saturate si alimentele procesate, care pot afecta negativ sanatatea noastra.

In plus fata de alimentatie, exercitiile fizice regulate sunt esentiale pentru mentinerea unui stil de viata sanatos. Exercitiile fizice pot ajuta la mentinerea unei greutati sanatoase, la imbunatatirea starii de spirit, la reducerea stresului si a riscului de boli cronice. Este recomandat sa facem cel putin 30 de minute de exercitii fizice moderate pe zi, cum ar fi mersul pe jos, alergatul, inotul sau ciclismul.

De asemenea, este important sa adaugam exercitii de intarire musculara si de flexibilitate pentru a ne mentine corpul puternic si flexibil.

Somnul adecvat este, de asemenea, crucial pentru mentinerea sanatatii noastre. Lipsa somnului poate afecta starea noastra de spirit, capacitatea de concentrare, greutatea si sanatatea in general. Este recomandat sa dormim intre 7 si 9 ore pe noapte pentru a ne mentine sanatatea mentala si fizica. Pentru a imbunatati calitatea somnului, putem adopta obiceiuri sanatoase precum stabilirea unei rutine de culcare regulate, evitarea consumului de cafeina si alcool inainte de culcare, mentinerea unei temperaturi confortabile in camera de dormit si evitarea utilizarii dispozitivelor electronice inainte de culcare.

Pe langa alimentatie, exercitii fizice si somn, starea noastra emotionala si mentala joaca, de asemenea, un rol important in mentinerea unui stil de viata sanatos. Este important sa acordam atentie starii noastre de spirit si sa ne gestionam stresul in mod eficient.

Tehnicile de gestionare a stresului, precum meditatia, yoga, respiratia profunda si exercitiile de relaxare pot ajuta la reducerea nivelului de stres si la imbunatatirea starii noastre de bine.

De asemenea, este recomandat sa acordam timp pentru hobby-urile si activitatile care ne aduc bucurie si implinire, precum cititul, pictura, gatitul sau plimbatul in natura. Relatiile noastre cu ceilalti oameni sunt, de asemenea, esentiale pentru mentinerea unui stil de viata sanatos. Conexiunea sociala poate avea un impact pozitiv asupra sanatatii noastre mentale si fizice. Este important sa ne petrecem timpul cu cei dragi si sa ne implicam in activitati sociale care ne fac fericiti. De asemenea, este important sa ne asiguram ca avem in jurul nostru o retea de suport sanatoasa care ne poate sprijini in momentele dificile.

Mentinerea unui stil de viata sanatos implica eforturi constante si o abordare cuprinzatoare a sanatatii noastre fizice, emotive si mentale. Adoptarea obiceiurilor si comportamentelor sanatoase, precum o alimentatie echilibrata, exercitii fizice regulate, somn adecvat, gestionarea stresului si mentinerea relatiilor pozitive cu ceilalti oameni, ne poate ajuta sa ne imbunatatim calitatea vietii si sa ne bucuram de o sanatate optima pe termen lung. Este important sa fim constienti de nevoile noastre si sa facem alegeri sanatoase pentru a ne proteja impotriva riscurilor pentru sanatate si pentru a ne mentine echilibrul si fericirea in viata. Alimentația sănătoasă, exercițiile fizice și odihna sunt trei elemente cheie care influențează în mod direct nivelul nostru de fericire și starea generală de bine. Aceste aspecte sunt interconectate și au un impact semnificativ asupra sănătății noastre mintale și fizice, contribuind la îmbunătățirea calității vieții noastre în ansamblu. Alimentația sănătoasă este un pilon fundamental al unei vieți echilibrate și fericite. Consumul unei varietăți de alimente proaspete, bogate în nutrienți esențiali precum vitaminele, mineralele, proteinele și grăsimile sănătoase, ajută la menținerea unei greutăți corporale sănătoase, la susținerea sistemului imunitar și la îmbunătățirea funcționării cognitive. De asemenea, o dietă echilibrată poate reduce riscul apariției unor afecțiuni precum bolile de inimă, diabetul și cancerul, contribuind astfel la creșterea longevității.Exercițiile fizice regulate sunt esențiale pentru menținerea unei stări de sănătate optimă și pentru îmbunătățirea stării de spirit. Activitățile fizice stimulează eliberarea de endorfine, cunoscuți drept „hormonii fericirii”, care ajută la reducerea stresului, anxietății și depresiei.

De asemenea, exercițiile fizice contribuie la îmbunătățirea calității somnului, la creșterea nivelului de energie și la întărirea sistemului imunitar. Practicarea regulată a sportului sau a altor forme de activitate fizică poate avea efecte pozitive asupra stimei de sine, asupra încrederii în sine și asupra relațiilor interpersonale.

Odihna adecvată este un alt element crucial pentru menținerea echilibrului mental și fizic. Lipsa somnului sau odihna insuficientă pot duce la apariția unor probleme de sănătate precum oboseala cronică, iritabilitatea și scăderea concentrării. Un somn de calitate și suficientă odihnă sunt esențiale pentru regenerarea organismului, pentru consolidarea memoriei și pentru menținerea unui nivel optim de energie. De asemenea, odihna adecvată are un impact pozitiv asupra stării de spirit și asupra capacității de gestionare a stresului.

Împreună, alimentația sănătoasă, exercițiile fizice și odihna pot contribui semnificativ la îmbunătățirea nivelului nostru de fericire și la menținerea unei stări de bine optime pe termen lung. Prin adoptarea unui stil de viață sănătos, care include o alimentație echilibrată, exerciții fizice regulate și odihnă

adecvată, putem să ne bucurăm de o stare de
sănătate mai bună, de o stăre de spirit mai
pozitivă și de o calitate a vieții îmbunătățită
în general.

Alimentația sănătoasă este fundamentul unei
vieți echilibrate și fericite. Prin consumul
unei varietăți de alimente proaspete, bogate
în nutrienți esențiali, putem asigura
organismului nostru toate substanțele de
care are nevoie pentru a funcționa optim.
Fructele și legumele proaspete, cereale
integrale, proteinele slabe precum peștele,
carnea slabă și leguminoasele, precum și
grăsimile sănătoase din surse precum
avocado, nuci și semințe sunt elemente
esențiale ale unei diete echilibrate.

O alimentație sănătoasă poate avea
numeroase beneficii asupra sănătății noastre.
Consumul regulat de alimente bogate în
antioxidanți poate proteja celulele împotriva
deteriorării provocate de radicalii liberi,
reducând astfel riscul apariției unor afecțiuni
precum cancerul și bolile de inimă.

Exercițiile fizice regulate sunt la fel de
importante pentru menținerea unei stări de
sănătate optimă și pentru îmbunătățirea
nivelului nostru de fericire.

Activitățile fizice, precum mersul pe jos, alergarea, înotul sau yoga, stimulează eliberarea de endorfine, hormonii responsabili de senzația de euforie și bine. Aceste substanțe chimice naturale ajută la reducerea nivelului de stres, anxietate și depresie, contribuind la îmbunătățirea stării noastre de spirit și la creșterea sentimentului de fericire și bunăstare.

Exercițiile fizice regulate au și beneficii asupra sănătății fizice. Ele ajută la menținerea greutății corporale în limite sănătoase, la întărirea mușchilor și oaselor, la îmbunătățirea flexibilității și mobilității, precum și la îmbunătățirea sănătății sistemului cardiovascular. Prin exercițiile fizice constante, putem reduce riscul de apariție a unor afecțiuni grave precum bolile de inimă, diabetul și obezitatea.

Odihna adecvată este un alt aspect important al unui stil de viață sănătos. Somnul este crucial pentru regenerarea organismului, consolidarea memoriei și menținerea unui nivel optim de energie. Lipsa somnului sau odihna insuficientă pot conduce la o serie de probleme de sănătate, precum oboseala cronică, stresul și anxietatea.

Este esențial să acordăm atenție somnului nostru și să ne asigurăm că beneficiem de suficient timp de repaus și recuperare în fiecare noapte.

Un somn de calitate este esențial pentru menținerea echilibrului mental și pentru îmbunătățirea stării noastre de spirit. În timpul somnului, creierul nostru procesează informațiile învățate în timpul zilei, consolidează amintirile și restabilește echilibrul hormonal. Un somn de calitate ne ajută să ne simțim revigorați și odihniți atât mental, cât și fizic, pregătindu-ne pentru o zi nouă plină de energie și vitalitate.

Alimentația sănătoasă, exercițiile fizice și odihna sunt trei elemente esențiale ale unui stil de viață sănătos și fericit. Adoptarea unui regim alimentar echilibrat, practicarea activităților fizice regulate și acordarea atenției necesare odihnei pot avea efecte semnificative asupra nivelului nostru de fericire și stării noastre generale de bine. Prin prioritizarea acestor aspecte și integrarea lor în rutina zilnică, putem să ne bucurăm de o sănătate mai bună, de o stăre de spirit mai pozitivă și de o calitate a vieții îmbunătățită în ansamblu.

Un stil de viață sănătos este crucial pentru a ne menține sănătoși atât fizic, cât și mental. Este important să adopți obiceiuri sănătoase pentru a te simți bine și fericit fără motive aparente.

Iată 10 recomandări pentru un stil de viață sănătos care te vor ajuta să atingi starea de bine interior și să trăiești o viață mai fericită.

- Alimentație echilibrată.

O dietă echilibrată, bogată în fructe, legume, proteine și grăsimi sănătoase este esențială pentru un stil de viață sănătos. Alegerea alimentelor nutritive și evitarea alimentelor procesate sau nesănătoase te poate ajuta să te simți energizat și să-ți menții greutatea sub control.

De exemplu, consumul de legume verzi, carne slabă și cereale integrale poate să-ți ofere nutrienți esențiali pentru sănătatea ta.

- Hidratare adecvată.

Consumul suficient de apă este vital pentru funcționarea corectă a organismului. Apa ajută la eliminarea toxinelor, menține hidratarea pielii și susține buna funcționare a organelor interne. Încearcă să bei 8 pahare de apă pe zi și să eviți băuturile îndulcite sau alcoolul în exces.

- Exerciții fizice regulate.

Activitatea fizică este esențială pentru menținerea sănătății fizice și mentale. Exercițiile regulate te pot ajuta să-ți menții greutatea sub control, să-ți crești nivelul de energie și să-ți îmbunătățești starea de spirit. Poți încerca diverse activități, precum yoga, alergare, înot sau mers pe bicicletă, în funcție de preferințele tale.

- Odihnă și relaxare.

Odihna este la fel de importantă precum exercițiile fizice și alimentația sănătoasă. Asigură-te că dormi suficient, în jur de 7-8 ore pe noapte, pentru a-ți permite organismului să se refacă și să se regenereze. De asemenea, este important să-ți faci timp pentru relaxare și activități care te destresează, precum meditația, cititul sau plimbările în natură.

- Menținerea relațiilor sociale.

Interacțiunea cu alte persoane este esențială pentru starea noastră de bine și fericirea noastră. Menținerea relațiilor sociale sănătoase poate să ne ofere suport emoțional și să ne ajute să ne simțim mai fericiți și împliniți.

Încearcă să-ți petreci timpul cu prietenii și familia și să fii deschis la noi relații și interacțiuni cu ceilalți.

- Practicarea recunoștinței.

Recunoașterea lucrurilor bune din viața ta și aprecierea lor poate să-ți schimbe perspectiva și să-ți aducă mai multă fericire și mulțumire. Încearcă să-ți notezi zilnic câteva lucruri pentru care ești recunoscător și să-ți concentrezi atenția pe aspectele pozitive ale vieții tale.

- Gestionarea stresului.

Stresul poate avea un impact negativ asupra sănătății noastre, atât fizic, cât și mental. Pentru a reduce nivelul de stres, poți să încerci tehnici de relaxare precum meditația, respirația profundă sau yoga.

De asemenea, poți să recurgi la activități care te fac să te simți bine, precum cititul, pictura sau ascultarea de muzică relaxantă.

- Evitarea obiceiurilor dăunătoare.

Renunțarea la obiceiurile dăunătoare precum fumatul, consumul excesiv de alcool sau consumul de droguri poate să-ți îmbunătățească starea de sănătate și să-ți sporească starea de bine. Aceste obiceiuri pot avea un impact negativ asupra sănătății tale, atât fizice, cât și mentale.

- Autodezvoltare și învățare continuă.
Investirea în sine și dezvoltarea personală poate să ne aducă o mai mare fericire și împlinire. Poți să încerci să-te implici în activități care te pasionează sau să-ți dezvolți abilități noi și să înveți lucruri noi. Acest lucru te poate ajuta să-ți crești încrederea în tine și să-ți îmbunătățești starea de bine.

- Rezolvarea conflictelor și gestionarea emoțiilor.

Pentru a fi fericit fără motive, este important să înveți să rezolvi conflictele și să-ți gestionezi emoțiile în mod sănătos. Comunicarea deschisă și empatică cu cei din jurul tău poate să-ți aducă mai multă fericire și armonie în relațiile tale. De asemenea, învățarea să-ți gestionezi emoțiile și să-ți exprimi sentimentele în mod sănătos poate să-ți aducă o mai mare liniște interioară și să-ți sporească starea de bine.

Adoptarea unui stil de viață sănătos și echilibrat poate să-ți aducă o mai mare fericire și să-ți îmbunătățească starea de bine. Prin adoptarea acestor recomandări și obiceiuri sănătoase, poți să-ți îmbunătățești sănătatea ta fizică și mentală și să trăiești o viață mai fericită și împlinită.

"O minte sănătoasă se dezvoltă
într-un corp sănătos."
- Socrate

Capitolul 10

Practicarea evaluării personale .

- *Importanța reflectării asupra propriei noastre fericiri și a realizărilor noastre.*
- *Cum să practicăm evaluarea personală pentru a ne menține fericirea și motivația.*

Evaluarea personală reprezintă un aspect crucial în dezvoltarea individuală și în înțelegerea propriei persoane. Este un proces constant prin care fiecare individ își evaluează aptitudinile, abilitățile, comportamentele, valoriile și atitudinile pentru a identifica punctele forte și punctele slabe și pentru a identifica moduri de a se îmbunătăți și de a evolua într-o manieră constructivă.

Evaluarea personală poate fi realizată în diverse domenii, cum ar fi profesionale, personale, relaționale sau emoționale. Este un proces subiectiv și individualizat, determinat de percepția și conștiința fiecărui individ în parte. Evaluarea personală implică auto-reflecție, auto-cunoaștere și auto-observație pentru a putea identifica necesitățile, dorințele, obiectivele și valențele personale.

Un aspect important al evaluării personale este că este un proces în continuă dezvoltare, deoarece oamenii se schimbă, se adaptează și evoluează de-a lungul timpului. Prin intermediul evaluării personale, indivizii pot identifica zonele în care au reușit să se dezvolte și să înregistreze progrese, dar și zonele care necesită îmbunătățiri și eforturi suplimentare.

Există mai multe modalități și tehnici prin care se poate realiza evaluarea personală, în funcție de obiectivele individuale și de domeniul de interes. Unele dintre aceste metode include auto-reflecția, jurnalul personal, feedback-ul de la ceilalți, teste psihologice și de personalitate, evaluările de performanță sau evaluările psihologice.

Auto-reflecția este una dintre cele mai eficiente modalități de evaluare personală, deoarece permite individului să-și analizeze gândurile, emoțiile, acțiunile și comportamentele proprii într-un mod profund și detaliat.

Prin intermediul auto-reflecției, individul poate identifica motivele și raționamentele care stau la baza acțiunilor sale și poate înțelege mai bine cum își afectează acestea relațiile și deciziile.

Jurnalul personal este o altă metodă utilă de evaluare personală, deoarece permite individului să-și documenteze gândurile, emoțiile, trăirile și experiențele sale zilnice. Prin intermediul jurnalului personal, individul poate observa evoluția sa în timp, poate identifica modele de comportament sau gândire și poate identifica aspectele care îl motivează sau îl demotivează.

Feedback-ul de la ceilalți este o altă modalitate importantă de evaluare personală, deoarece permite individului să primească informații și observații din partea celor din jurul său referitoare la comportamentul, abilitățile sau rezultatele sale. Prin intermediul feedback-ului, individul poate obține perspective și opinii noi sau diferite și poate identifica puncte de vedere sau aspecte pe care nu le-a luat în considerare anterior.

Testele psihologice și de personalitate sunt alte instrumente eficiente de evaluare personală, deoarece permit individului să obțină informații obiective și standardizate despre caracteristicile sale psihologice, emoționale, cognitive sau comportamentale. Prin intermediul acestor teste, individul poate identifica trăsături de personalitate, aptitudini sau abilități specifice și poate utiliza aceste informații pentru a-și ghida deciziile și alegerile viitoare.

Evaluările de performanță sunt o modalitate utilă pentru evaluarea personală în domeniul profesional, deoarece permit individului să primească feedback și evaluări obiective cu privire la performanța sa la locul de muncă.

Prin intermediul evaluărilor de performanță, individul poate identifica punctele tari și punctele slabe ale muncii sale, poate identifica nevoile de dezvoltare și poate stabili obiective și planuri de acțiune pentru a-și îmbunătăți performanța și rezultatele.

Evaluările psihologice sunt o altă modalitate importantă de evaluare personală, deoarece permit individului să obțină informații detaliate și obiective despre caracteristicile, trăsăturile sau tulburările sale psihologice sau emoționale.

Prin intermediul evaluărilor psihologice, individul poate identifica aspectele care îl afectează emoțional sau cognitiv, poate obține diagnoze sau evaluări profesionale și poate primi recomandări sau indicații pentru tratament sau intervenție.

Deși evaluarea personală poate fi un proces dificil și solicitant, este esențială pentru dezvoltarea individuală și pentru înțelegerea de sine. Prin intermediul evaluării personale, individul poate identifica punctele forte și punctele slabe, poate stabili obiective și planuri de acțiune pentru a-și îmbunătăți abilitățile, comportamentele sau rezultatele și poate evolua într-o manieră constructivă și pozitivă.

Un exemplu relevant de evaluare personală este cel realizat în domeniul profesional, unde individul își evaluează abilitățile, performanța și competențele pentru a-și identifica nevoile de dezvoltare și pentru a-și îmbunătăți rezultatele. Prin intermediul evaluării profesionale, individul poate identifica punctele tari și punctele slabe ale muncii sale, poate primi feedback și evaluări obiective de la superiori sau colegi și poate stabili obiective și planuri de acțiune pentru a-și îmbunătăți performanța și pentru a-și atinge obiectivele profesionale.

Evaluarea personală este un proces esențial pentru dezvoltarea individuală și pentru înțelegerea propriei persoane. Prin intermediul evaluării personale, individul poate identifica punctele forte și punctele slabe, poate identifica obiective și dorințe personale și poate dezvolta strategii și planuri de acțiune pentru a-și îmbunătăți abilitățile, comportamentele sau rezultatele. Este important ca fiecare individ să acorde atenție și să investească timp și efort în evaluarea personală pentru a-și atinge potențialul maxim și pentru a evolua într-un mod pozitiv și constructiv.

Reflectarea asupra propriei fericiri și a realizărilor este un aspect extrem de important în viața fiecăruia dintre noi. Este o modalitate de a ne da seama de cât de departe am ajuns, de provocările pe care le-am depășit și de succesele pe care le-am obținut. Prin această reflecție putem să ne consolidăm încrederea în sine, să ne recunoaștem valoarea și să ne motivăm să continuăm să ne dezvoltăm și să atingem noi obiective.

Fericirea este un concept complex, care poate fi definit în mod diferit de fiecare individ. Pentru unii, fericirea înseamnă să aibă o carieră de succes, pentru alții poate însemna să aibă o familie iubitoare și sănătoasă, sau poate să fie legată de pasiunile și hobby-urile pe care le au. Indiferent de ceea ce înseamnă fericirea pentru fiecare dintre noi.

Este important să ne oprim din când în când pentru a reflecta asupra modului în care ne simțim și asupra a ceea ce ne face cu adevărat fericiți.

Reflectarea asupra propriei fericiri ne ajută să ne dăm seama de lucrurile care ne aduc bucurie în viață și să ne concentrăm asupra lor. Ne permite să înțelegem ce anume ne motivează și ne inspiră, astfel încât să putem investi mai mult timp și energie în acele aspecte ale vieții noastre care contează cu adevărat pentru noi. De asemenea, reflectând asupra fericirii noastre putem să identificăm și să eliminăm factorii care ne fac să ne simțim nefericiți sau neîmpliniți, să ne asumăm responsabilitatea pentru starea noastră de bine și să luăm măsuri pentru a ne schimba perspectiva și a ne îmbunătăți calitatea vieții.

O altă componentă importantă a reflectării asupra propriei fericiri este recunoștința. Când ne oprim să ne gândim la lucrurile bune din viața noastră, la oamenii dragi din jurul nostru, la realizările pe care le-am obținut și la oportunitățile pe care le avem, ne putem simți mai puțin stresați, mai recunoscători și mai mulțumiți.

Recunoștința este legată de fericire și mulțumire, și poate să ne ajute să ne concentrăm asupra lucrurilor pozitive din viața noastră, chiar și în momentele dificile sau stresante.

Reflectarea asupra propriei fericiri ne poate ajuta să ne gestionăm mai bine emoțiile și să ne dezvoltăm un nivel mai ridicat de conștiență emoțională. Prin auto-observație și auto-reflecție putem să ne analizăm reacțiile noastre la diferite situații, să identificăm pattern-urile comportamentale și să identificăm modurile în care putem să ne îmbunătățim controlul asupra emoțiilor noastre. Acest lucru ne poate ajuta să fim mai puțin reactivi și să luăm decizii mai bune, mai raționale și mai echilibrate în viața de zi cu zi.

Când vine vorba de reflectarea asupra realizărilor noastre, acest lucru este la fel de important ca și reflectarea asupra fericirii noastre.

Realizările noastre sunt o măsură a eforturilor noastre, a disciplinelor noastre și a abilităților noastre, și ne pot oferi o perspectivă asupra progresului pe care l-am făcut în anumite domenii sau aspecte ale vieții noastre.

Reflectând asupra realizărilor noastre putem să ne simțim mai încrezători în noi înșine, să ne apreciem munca și eforturile pe care le-am depus pentru a obține acele rezultate și să ne motivăm să continuăm să ne perfecționăm și să atingem noi obiective. De asemenea, reflectarea asupra realizărilor poate să ne ajute să identificăm punctele noastre tari și punctele noastre slabe, să ne setăm obiective mai realiste și mai îndrăznețe și să ne concentrăm asupra dezvoltării noastre personale și profesionale.

Un alt beneficiu al reflectării asupra realizărilor noastre este că ne poate oferi un sentiment de mândrie și satisfacție personală. Atunci când ne uităm înapoi la lucrurile pe care le-am realizat și la obstacolele pe care le-am depășit, putem să ne simțim împliniți și să avem încredere în capacitățile noastre. Această stare de fericire și mulțumire poate să ne alimenteze pentru a ne continua parcursul și pentru a ne strădui să devenim cea mai bună versiune a noastră.

Reflectarea asupra realizărilor noastre ne poate oferi o perspectivă asupra potențialului nostru și a ceea ce mai putem realiza în viitor.

Ne poate inspira să visăm mai mare și să ne propunem obiective ambițioase, ne poate încuraja să ieșim din zona noastră de confort și să explorăm noi oportunități și ne poate motiva să ne depășim limitele și să ne ridicăm la nivelul următor.

Pentru a putea să reflectăm asupra propriei fericiri și a realizărilor noastre, este important să ne acordăm timp și spațiu în viața noastră agitată. Putem să folosim diferite tehnici și instrumente pentru a ne ajuta în acest proces, precum jurnalul de recunoștință, meditația, dialogul cu un prieten sau mentor în înțelegere, sau chiar pur și simplu să ne luăm câteva momente de liniște și introspecție în fiecare zi.

Reflectarea asupra propriei fericiri și a realizărilor noastre este un proces esențial pentru dezvoltarea noastră personală și profesională. Ne poate ajuta să ne cunoaștem mai bine, să ne îmbunătățim relația cu noi înșine și cu ceilalți, să ne motivăm să explorăm noi posibilități și să ne concentrăm asupra lucrurilor care contează cu adevărat pentru noi. Prin această reflecție putem să ne bucurăm de prezent, să ne construim un viitor mai luminos și să ne dezvoltăm în mod constant și armonios.

Evaluarea personală este un proces esențial în dezvoltarea personală și în menținerea echilibrului mental și emoțional. Prin auto-reflecție și auto-observare, putem identifica punctele noastre de forță și de vulnerabilitate, putem să ne cunoaștem mai bine și să ne îmbunătățim comportamentele și gândurile care ne afectează fericirea și motivația.

Vom explora 10 tehnici eficiente cum să practicăm evaluarea personală pentru a ne menține starea de bine și pentru a ne menține motivați în atingerea obiectivelor noastre.

- **Ține un jurnal de evaluare personală.** Un mod eficient de a practica evaluarea personală este prin ținerea unui jurnal în care să înregistrezi gândurile tale, emoțiile și acțiunile zilnice. În fiecare seară, îți poți dedica câteva minute pentru a reflecta asupra zilei petrecute și pentru a analiza cum te-ai simțit, ce ai făcut bine și ce ai putea îmbunătăți. Acest exercițiu te va ajuta să-ți conturezi un tablou mai clar al propriei tale persoane și te va ghida către schimbările necesare pentru a-ți îmbunătăți calitatea vieții.

De exemplu, dacă în jurnalul tău observi că te simți iritat și stresat în mod constant, poți identifica cauza acestor emoții și poți să explorezi modalități de a gestiona mai bine stresul și de a-ți îmbunătăți starea de bine.

- **Autoanaliza periodică a obiectivelor și valorilor.**

Pentru a te menține motivați și fericit, este important să ai claritate în ceea ce privește obiectivele tale și valorile tale personale. Fie ca este vorba de obiective pe termen scurt sau pe termen lung, de la cele profesionale la cele personale, este important să îți reevaluezi periodic obiectivele și să vezi dacă acestea îți reflectă valorile și aspirațiile tale.

De exemplu, dacă obiectivul tău este să-ți găsești un job care să îți ofere satisfacție și realizare profesională, dar observi că actualul tău job te face să te simți nefericit și dezmotivat, ar trebui să îți reevaluezi obiectivul și să explorezi alte oportunități care să îți aducă mai multă fericire și împlinire.

- **Solicită feedback de la cei din jur.**

Un alt mod eficient de a practica evaluarea personală este prin solicitarea de feedback din partea celor din jurul tău. Prietenii, colegii, familia sau partenerul de viață pot să îți ofere o perspectivă obiectivă asupra comportamentului și gândurilor tale și să îți ofere sugestii constructive pentru a te îmbunătăți.

De exemplu, dacă primești feedback că ești prea rigid și inflexibil în relațiile cu ceilalți, poți să îți analizezi aceste trăsături și să încerci să îți îmbunătățești abilitățile de comunicare și de colaborare pentru a fi mai deschis și mai empatic în interacțiunile tale.

- **Identifică și corectează schema de gândire negativă.**

Un alt aspect important al evaluării personale este identificarea și corectarea schemelor de gândire negativă care îți afectează starea de fericire și motivație. Schemelor de gândire negativă, cum ar fi gândirea catastrofică, generalizarea sau personalizarea, pot să îți afecteze modul în care percepi lumea și modul în care te raportezi la tine însuți.

De exemplu, dacă ai tendința de a interpreta mereu situațiile în cel mai rău mod posibil și de a te auto-critica constant pentru greșelile tale, ar trebui să îți adresezi atenția asupra acestei scheme de gândire și să încerci să o înlocuiești cu gânduri mai echilibrate și mai pozitive.

- **Practică mindfulness și meditația.** Practica mindfulness și meditația poate să fie un instrument puternic în procesul de evaluare personală și autodescoperire. Prin practicarea atenției pline și a meditației, poți să îți crești nivelul de conștiență asupra gândurilor și emoțiilor tale și să îți eliberezi mintea de ruminații și preocupări inutile. De exemplu, prin meditație poți să îți observi gândurile și emoțiile fără să te identifici cu ele și poți să îți dezvolți abilitatea de a rămâne centrare și calme în fața provocărilor și stresului din viața ta de zi cu zi.
- **Stabilește-ți rutine sănătoase și echilibrate.** O rutină sănătoasă și echilibrată poate să contribuie la starea ta de bine și la nivelul tău de motivație. Stabilește-ți obiceiuri sănătoase cum ar fi o alimentație echilibrată, exerciții fizice regulate.

De exemplu, dacă observi că ai tendința de a mânca junk food și de a dormi prea puțin din cauza stresului și a oboselii, ar trebui să îți reevaluezi rutina zilnică și să îți faci timp pentru a-ți prioritiza sănătatea și bunăstarea ta.

- **Cultivă recunoștința și mulțumirea.** Recunoștința și mulțumirea pot să aibă un impact semnificativ asupra stării tale de fericire și motivație. Cultivarea unui obicei de a recunoaște și aprecia lucrurile bune din viața ta te poate ajuta să îți schimbi perspectiva asupra lumii și să îți îmbunătățești starea de bine.

De exemplu, poți să începi să ții un jurnal al recunoștinței în care să înregistrezi zilnic lucrurile sau persoanele pentru care ești recunoscător și să îți amintești de ele atunci când te simți descurajat sau dezamăgit.

- **Stabilește limite și învață să spui NU.** Stabilește limite sănătoase în relațiile tale personale și profesionale și învață să spui nu atunci când simți că îți depășești capacitatea sau când simți că îți afectează starea de bine. Un mod eficient de a practica evaluarea personală este să îți cunoști limitele și să le respecți pentru a-ți menține echilibrul și sănătatea mentală și emoțională.

De exemplu, dacă observi că îți asumi prea multe responsabilități și că te lași des întins la maximum din cauza acestora, ar trebui să îți reevaluezi prioritățile și să înveți să spui nu atunci când simți că depășești capacitatea ta de a face față.

• **Invață din greșeli și eșecuri.** Un aspect important al evaluării personale este capacitatea de a învăța din greșeli și eșecuri și de a le transforma în oportunități de creștere și dezvoltare personală. În loc să te descurajezi sau să te critici pentru greșelile făcute, încearcă să le vezi ca pe ocazii de a învăța lecții valoroase și de a te îmbunătăți pe viitor.

De exemplu, dacă ești respins de un angajator în urma unei interviuri, în loc să te descurajezi și să renunți, poți să analizezi ce anume nu a funcționat în interviul tău și să încerci să îți îmbunătățești abilitățile și prezentarea pentru viitoarele interviuri.

• **Construiește-ți un plan de acțiune.** Pentru a-ți menține starea de fericire și motivație, este important să îți stabilești obiective clare și să îți construiești un plan de acțiune pentru a le atinge.

Fie că este vorba de dezvoltarea unei abilități noi, de îmbunătățirea relațiilor tale sau de avansarea în carieră, un plan bine structurat îți poate oferi direcție și focus în atingerea obiectivelor tale.

De exemplu, dacă obiectivul tău este să îți îmbunătățești abilitățile de comunicare, poți să îți stabilești un plan de acțiune care să includă participarea la cursuri de comunicare, citirea de cărți despre comunicare eficientă și practicarea abilităților de comunicare în situații reale.

Evaluarea personală este un proces continuu și esențial în menținerea fericirii și a motivației. Prin auto-reflecție, auto-observare și auto-cunoaștere, putem să ne cunoaștem mai bine, să ne identificăm punctele de forță și de vulnerabilitate și să ne îmbunătățim constant pentru a ne atinge obiectivele și aspirațiile. Prin practicarea celor 10 tehnici prezentate mai sus, putem să ne transformăm în persoane mai fericite, mai împlinite și mai motivate în viața noastră.

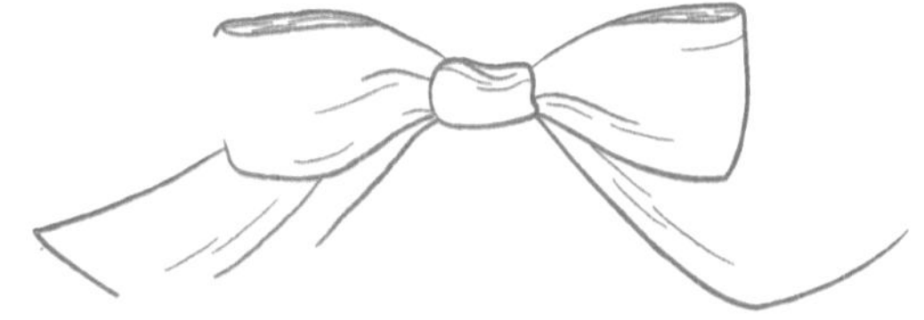

"Fericirea nu este un rezultat al lucrurilor pe care le ai, ci a modului în care te simți în interior."
-Seneca

Aș dori să transmit un sincer mulțumesc tuturor celor care au citit cartea „Poveștile din copilărie". Fie că ați fost inspirați, motivați sau pur și simplu ați găsit o mică bucurie în paginile ei, vă sunt recunoscătoare pentru timpul și interesul acordat acestei cărți.

Apreciez fiecare cititor pentru că ați fost deschiși și receptivi la mesajul pe care am încercat să-l transmit în această carte.
Faptul că ați ales să petreceți timp cu mine și cu gândurile mele despre fericire și bucurie înseamnă foarte mult pentru mine.

Sper din suflet că „Poveștile din copilărie" v-a adus un strop de lumină și că v-a încurajat să căutați și să apreciați frumusețea și bucuria din lucrurile mărunte ale vieții.
Vă mulțumesc că ați făcut parte din călătoria mea și că ați fost deschiși să descoperiți împreună cu mine că fericirea nu are nevoie de motive sau justificări.

Îmi doresc să vă pot oferi și în viitor cărți care să vă inspire și să vă aducă momente de bucurie și liniște.
Vă mulțumesc pentru susținerea și aprecierea pe care mi-ați arătat-o și vă îmbrățișez cu gândurile mele cele mai bune!

Mariana C.